Elisabeth Schlumpf

Enkel sind ein Geschenk

Elisabeth Schlumpf

Enkel sind ein Geschenk

Die Freuden der Großeltern

Kösel

FSC
Mixed Sources
Product group from well-managed forests and other controlled sources
Cert no. SA-COC-001819
www.fsc.org
© 1996 Forest Stewardship Council

Verlagsgruppe Random House FSC-DEU-0100
Das für dieses Buch verwendete FSC-zertifizierte Papier *EOS*
liefert Salzer Papier, St.Pölten, Austria

Umschlag: Griesbeck Design, München
Umschlagmotiv: getty images / Digital Vision
Redaktion: Silke Uhlemann, München
Druck und Bindung: CPI Moravia Books s.r.o., Pohorelice
Printed in Czech Republic
ISBN 978-3-466-30891-0

Weitere Informationen zu diesem Buch und unserem
gesamten lieferbaren Programm finden Sie unter
www.koesel.de

Inhalt

Vorwort 11

Einleitung 13

Großelternsein heute 15
Vielfältige Möglichkeiten 15
Ergebnisse einer wissenschaftlichen Untersuchung 20
Großeltern in der Zukunft 26

Die Großeltern und die junge Familie 31
Ein Enkelkind ist unterwegs 31
Geburt und erste Begegnung 37
Das erste Enkelkind 43
Mädchen oder Junge? 47
Wie das Enkelkind zu seinem Namen kommt 51
Wie die Großeltern zu ihren Namen kommen:
Oma, Opa, Großmama oder Großvater? 54

Großelternqualitäten 58
Schutz und Sicherheit geben 60
Zeit haben 65
Geschichten erzählen 68
Eine Brücke zur Vergangenheit bauen 71
Was Großeltern ihren Enkeln mitgeben möchten 77
Unbekömmliche Großeltern 87
Behinderte und verhinderte Großeltern 92
Wenn sich Erwachsene an ihre Großeltern erinnern 95

Die Welt der Enkel 101

Konfliktstoff zwischen den Generationen 111
Mischt euch bitte nicht ein! 113
Grenzen setzen oder verwöhnen? 116
Streitigkeiten in der Familie 129
Das Verhältnis zu den anderen Großeltern 132

Die Eltern der Enkel trennen sich 135

Stiefgroßeltern oder die Patchworkfamilie 142

Ein Leben ohne Enkel 151

Großeltern können sterben 155

Ablösung von den Enkeln 161

Was tun wir für die Zukunft unserer Enkel? 164

Nachwort 169

Dank 171

Anhang 173
Zum Interviewverfahren der von mir befragten Großeltern 173
Zuguterletzt 177
Der Chegeleboum von Margrit Hauser in Berndeutsch und das Enkelgedicht von Elisabeth Schlumpf nach Züricher Mundart 178
Literatur 181
Anmerkungen 188

Früher wimmelte der Himmel von Großeltern,
heute sind sie auf der Erde und leibhaftig da.

Mein Enkel

Eben rief mein Enkel an und fragte:
Wann kommst du zu uns?
Sein neues Fahrrad will er mir zeigen
und ein spannendes Game.
Dieser verflixte Gameboy! Ein richtiges Suchtmittel!
Aber ihm gefällt es
und ich spiele manchmal auch mit.
Nur ist er geschickter als ich.

Neulich kam er zu mir
und entdeckte mein Kinderbuch
mit der Geschichte von Schneewittchen.
Er wollte die Geschichte hören
und ich habe sie ihm erzählt.
Am Ende merkte ich:
ein richtiger Krimi,
nicht so weit weg von den heutigen DVDs.

Ja, mein Enkel zeigt mir, womit ein Kind heute aufwächst,
und dass es gar nicht einfach ist,
ein junger Mann zu werden
in unserer Gesellschaft.

Vorläufig ist er ein richtiger Bub,
fährt mit dem Fahrrad umher,
trifft andere Knaben
und kommt mit Schrammen und Kratzern nach Hause.

Doch abends, zur Schlafenszeit,
wird er stiller
und kann ganz tiefsinnige Fragen stellen:
Was ist Freundschaft?
Was ist Liebe?
Wisst Ihr die Antwort?

Elisabeth Schlumpf

(Mundartfassung im Anhang)

Vorwort

Ich widme dieses Buch meinem Enkel Ruben Michael. Sein Erscheinen hat die ganze Familie beglückt und mir das Geschenk gemacht, im Kontakt mit seiner Lebendigkeit noch einmal auf intensive und zugleich gereifte Weise das Aufwachsen eines Kindes miterleben zu dürfen. Zudem hat mir seine Existenz zum Bewusstsein gebracht, was die Folge von Generationen in einer Familie bedeutet. Diese Kaskade des weitergehenden Lebens hat meinen eigenen Tod relativiert. Als Glied in einer Kette bekommt das Leben aus dieser Perspektive betrachtet einen anderen Wert. Die Kette wird weiter bestehen, auch wenn das eigene Leben erlischt. Auf dieses Gefühl war ich nicht gefasst gewesen und auch nicht darauf, wie verpflichtend gleichzeitig der Rang als Stammesälteste sein würde. Großmutter sein bekam eine viel weitere Bedeutung, als nett mit einem Enkel zu spielen und ihn gelegentlich zu hüten. Es hieß, den Stand der Großen Mutter auszufüllen. Es bedeutete eine Neuausrichtung und Neuordnung des eigenen Lebens, eine Einladung zum Wandel und zur Auseinandersetzung mit dem Alter, ein Verschieben der Lebensschwerpunkte und Neusetzen von Wertmaßstäben. Dies alles aber im Bewusstsein, dass das Zurücktreten dereinst selbstverständlich sein würde.

Großmutter zu werden hatte noch eine weitere Folge: Die Erinnerungen an meine eigene Großmutter, die ich lange Jahre, und den Großvater, den ich nur kurze Zeit gekannt hatte, stiegen lebhaft in mir auf. Meine Großmutter, eine kleine, rundliche, dunkel angezogene und mit einem Kropfbändchen aus schwarzen und weißen Perlen um den Hals geschmückte Frau kam dahergesegelt wie ein munteres Fregattchen und entführte mich in die Welt der Geschichten und Märchen. Mein Großvater, breitbrüstig wie ein stämmiger Baum, mit schlohweißem Haar, steckte mir von Zeit zu Zeit lächelnd ein Geldstück zu: »Da, nimm!« Die anderen Großeltern starben, bevor ich auf der Welt war. Ich kenne sie nur von Fotos und aus dem, was man mir von ihnen erzählt hat. Ich bin aber sicher, dass auch sie mir übermittelt haben, wie man im Leben bestehen kann.

Als ich erkannte, wie viel ich meinen Großeltern verdanke, wie viel Kraft und aufrechtes Leben sie mir mitgegeben und gezeigt haben, begann ich zu hoffen, dass ich meinem Enkel Ruben Michael die Geschenke weitergeben kann, die ich selber empfangen habe.

Einleitung

> Angespannt lauschte er auf die kaum hörbaren Atemzüge des Enkels, und mit jedem Schritt wuchs in ihm die Erkenntnis, dass er mit seiner Umwelt eine unendliche Einheit bildete. Jetzt musste er nicht mehr raten, er wusste bestimmt, dass die fast vollendete, aufsteigende Kreisbahn seines Lebens vom nächsten fortgesetzt würde, von seinem Enkel.
>
> Wladimir Maximowa[1]

Ich weiß nicht, welches Gewicht Sie, liebe Leserin und lieber Leser, der Tatsache beimessen, dass Sie Vorfahren besitzen. Wenn Sie Eltern geworden sind, wissen Sie, dass Sie eine nächste Generation ins Leben gerufen haben. Wenn Sie kinderlos geblieben sind, so hatten Sie doch ganz bestimmt Eltern, und diese ihrerseits sind Söhne und Töchter von Eltern. In uns allen laufen Stränge von Vorfahrinnen und Vorfahren zusammen, die sich zu einem weiten Netz ausdehnen, das auch die Zeit vor unseren Anfängen mit einschließt.

Dieses Netz besteht aus Lebenden und Toten und es hat eine mächtige Auswirkung auf unsere Existenz, ob wir uns dessen bewusst sind oder nicht. Von dieser Wirkung auf uns handelt dieses Buch und ebenso von der Wirkung, die wir als Teil dieses Netzes auf unsere Nachfahren ausüben.

Ich selber habe die Tatsache meiner Altvorderen in einem

Moment realisiert, der mir unvergesslich bleiben wird. Ich stand in Speyer vor der Apsis des romanischen Doms, die im Halbrund aus mächtigen Quadern gemauert ist. Darüber nachsinnend, wie viele Hände es wohl gebraucht hatte, um die Quader an ihren Platz zu setzen, wurde mir plötzlich bewusst, wie viele Menschen vor mir gelebt und gewirkt hatten. Ganz körperlich empfand ich die Gegenwart einer riesigen Armee hinter mir, die sich keilförmig ausbreitete und mir das Gefühl einer unerhörten Stärkung und – buchstäblich – Rückendeckung vermittelte.

Dieses Gefühl, mit seinen bekannten und unbekannten Ahninnen verbunden zu sein, mildert die Empfindung des Vereinzeltseins, das einen in unserer sich individualistisch gebärdenden Gesellschaft manchmal beschleichen kann. So wichtig es ist, seine Grenzen als eigenständiges Individuum zu wahren, so beruhigend ist es auch, um den Reichtum in der Schatztruhe unserer Ahninnen zu wissen und ihn auch unseren Enkeln zugänglich zu machen.

Großmütter sind das Rückgrat der Welt.

Indianische Weisheit

Großelternsein heute

***

Wie sieht die heutige Situation von Großeltern aus? In welchem Alter bekommen sie Enkel, welche Haltung nehmen sie ihnen gegenüber ein, wie gehen sie mit dem eigenen Alter um und was sagt die Wissenschaft dazu?

***

Vielfältige Möglichkeiten

Großeltern werden hat einen Aspekt, den anzunehmen uns heute nicht leichtfällt: die Begegnung mit dem eigenen Alter. In welcher Lebensphase wir auch stehen – wenn wir Großeltern werden, heißt das, dass wir auf einen Platz in der Ahnenreihe unserer Familie versetzt werden, und das ist in unserer Vorstellung mit einem Hauch von Rumpelkammer, von Grauwerden und Verstauben behaftet. Ob uns das schmeckt in einer Gesellschaft, die das Altsein verpönt?

Überprüfen Sie einmal selbst, was Ihnen einfällt, wenn Sie an »Großmutter« oder »Großvater« denken. Haben Sie möglicherweise eine gebeugte Gestalt von 70 oder 80 Jahren mit runzeligem Gesicht, die am Stock geht, vor Augen? Oder sehen Sie vor Ihrem inneren Auge eine grauhaarige Person mit Brille und Dutt, welche Socken für die Enkel strickt? Oder einen alten Mann mit Bart, Pfeife und Gartenschürze? Dann wissen Sie, dass Sie wie viele andere Menschen auch das Alter noch mit Attributen wie ewiggestrig, Hinfälligkeit und körperlichem sowie geistigem Abbau verknüpfen.

Ahne oder Ahnin klingt natürlich uralt, aber wenn wir das Wort dahin deuten, dass AhnInnen eben Ahnung haben von dem, was wichtig ist im Leben, bekommt das Wort einen völlig neuen Sinn. Zudem steckt in jedem von uns ein Viertel des Erbgutes unserer Großeltern. Es gibt also auch eine direkte biologische Verbindung zu unseren Ahnen.

Das Alter hat in unserer Zeit ein ganz anderes Gesicht als noch vor einem Jahrhundert. Damals lag die durchschnittliche Lebenserwartung bei 50 Jahren, heute liegt sie bei ungefähr 80. Das bedeutet eine grundlegende Änderung: Heute erreichen wesentlich mehr Menschen ein hohes Alter. Es heißt auch, dass die Altersphase gegenwärtig ein Viertel oder mehr der gesamten Lebensspanne ausmacht. In meinem Buch »Wenn ich einst alt bin, trage ich Mohnrot«[2] habe ich die Veränderung beschrieben, die sich im Laufe eines Jahrhunderts ergeben hat:

> Die Formel für einen durchschnittlichen Lebenslauf »Aufwachsen – Beruf lernen – Arbeiten – kurzer Ruhestand – Lebensende« gilt nicht mehr. An ihre Stelle ist die Aufforderung getreten, den letzten Lebensabschnitt von vielleicht fünfzehn bis zwanzig Jahren auf je eigene Weise zu gestalten. Dies ohne allgemeingültige Vorbilder, denn es gibt keine »altersgemäßen« Normen mehr, die eine Neunundsechzigjährige oder ein Sechsundsiebzigjähriger

erfüllen müsste. Im Gegenteil: Wir tragen im Alter gewiss kein schwarzes Kopftuch, das uns als jenseits der Jugend kennzeichnet. Wir treiben jede Art Sport. Wir machen Reisen. Wir nehmen an allem teil, was uns interessiert. Nichts ist von Alters wegen verboten. So gesehen ist das Alter zu einer aufregenden Phase geworden, die einen breiten Fächer an Gestaltungsmöglichkeiten anbietet.

Großeltern können wir deshalb heute in einem Lebensabschnitt werden, der nichts gemein hat mit den Vorstellungen von früher über das Altsein oder die Anzahl der Lebensjahre, auf die Großeltern zurückblicken müssten. Heute haben wir die Chance, mit knapp 50 Großmutter oder Großvater zu werden, aber auch mit 60 oder 70, je nachdem, wie früh wir selber Kinder hatten und wie schnell sich diese wiederum entschließen, Nachkommen zu zeugen. Wenn wir selber jung waren, als wir Kinder kriegten, diese aber mit dem Elternwerden zuwarten bis gegen 40, werden wir vielleicht zwischen 60 und 70 erstmals Großeltern. Falls eines unserer Kinder bereits als Teenager Mutter oder Vater wird, haben wir Aussichten, relativ jung Urgroßeltern zu werden. Wir befinden uns dann im selben Alter wie späte Eltern von spät Eltern gewordenen Söhnen und Töchtern. Und in Patchworkfamilien ist die Stiefgroßmutter unter Umständen nicht älter als die Mutter der Kinder.

Großelternschaft kann sich heute über zwanzig Jahre hinziehen. Das bedeutet, dass sich heute die Großeltern-Landschaft so vielfältig und so unterschiedlich präsentiert wie noch nie.

Die gestiegene Lebenserwartung und die niedrigen Geburtenraten sind zwar eine Belastung für den Generationenvertrag der Renten- und Krankenkassen; im privaten Leben von Großeltern und Enkeln entfalten sie jedoch eine positive Wirkung: Die Chancen auf eine lange gemeinsame Lebenszeit sind größer denn je und damit die Möglichkeiten, überhaupt eine enge emotionale Beziehung aufzubauen.[3]

Schauen wir uns kurz die Lebensphasen an, in denen heutige Großeltern stehen können.

Mit 50 sind wir nach korrektem Sprachgebrauch frischgebackene Senioren und müssen sehen, wie wir mit dem ungeliebten Prädikat fertig werden. Als Frauen haben wir uns vielleicht eben den Titel »bestaussehende Fünfzigerin« geholt oder wir kämpfen mit den Wechseljahren. Der Wiedereinstieg in einen Beruf beschäftigt uns, oder wir kauen am Leeren-Nest-Syndrom. Als Männer sind wir allenfalls in einer gesicherten Position, eventuell müssen wir aber auch um unseren Posten bangen. Zudem erfahren wir die diskreten Schwankungen dieses Alters, verbunden mit der Sehnsucht nach einem zweiten Frühling oder anderen Noch-einmal-aufbrechen-Gefühlen. Wir können aber auch zu zweit zufrieden mit unserer Familiensituation und den beruflichen Umständen leben.

Mit 60 sind wir bestenfalls etwas ruhiger geworden, sollten uns jetzt aber mit der herannahenden Zeit als Rentner oder Rentnerin auseinandersetzen und müssen uns mit der Frage beschäftigen, wie wir diesen wichtigen Übergang gestalten. Es mag uns entweder schwerfallen, den Beruf aufzugeben, oder wir freuen uns auf die Entlastung und wissen bereits, was wir in Zukunft alles unternehmen wollen. Immerhin zählen wir noch zu den jungen Alten.

Dieses Prädikat wird uns auch mit 70 und mehr Jahren noch zugestanden, wenn wir uns allmählich an das Rentnerleben gewöhnt und gelernt haben, es mit eigenen Interessen zu füllen. Dafür plagen uns vielleicht kleinere oder größere Kränkungen des Körpers bis hin zur Einschränkung der früheren Beweglichkeit und unseres Lebensradius.

Die Lebensumstände von Menschen, die Großeltern werden, mögen noch ganz anders aussehen als die eben angedeuteten, aber selbst wenn es sich um jugendliche und aktive Großeltern handelt, die im Erwerbsleben stehen, oder solche, die zwar schon im Rentenalter sind, aber ein volles Programm und ausgefüllte Tage haben – wie viel Zeit und Platz bleibt für Enkelkinder, für den Einsatz im Dienst der übernächsten Generation?

Wenn die Großeltern voll beschäftigt sind mit der Gestaltung des eigenen Lebens, mit Themen ihrer Lebensphase ringen oder ernsthafte Beziehungsprobleme haben, wie sollen sie Zeit und Kraft finden, Enkel zu betreuen, ihnen ein Vorbild zu sein und ein Wissen über die Welt zu vermitteln?

Ich habe mit knapp 50 Großelternpaaren und einzelnen Großmüttern bzw. Großvätern im Alter von 47 bis 74 Jahren Gespräche über dieses Thema geführt. (Mehr dazu im Anhang, S. 173 ff.) Dabei ist mir eines klar geworden: Das Klischee von den jederzeit verfügbaren Großeltern, die abgeklärt im Ruhestand leben und bereit sind, in jeder Notlage die junge Familie – auch finanziell – zu unterstützen und den Eltern ihrer Enkel mit Rat und Tat beizustehen, gilt nicht mehr. Heutige Großelternschaft bedeutet, individuelle Lösungen zu finden für die eigenen Möglichkeiten des Kontakts mit der

Enkelfamilie. Manchmal können Großeltern weniger Zeit mit den Enkeln einsetzen, als sie möchten, weil sie mit ihren eigenen Problemen zu beschäftigt sind oder weil die Distanz zu den Enkelkindern zu groß ist. Manchmal ist ihr Beistand gar nicht erwünscht, weil die nächste Generation eigene Wege in der Kindererziehung gehen will und möglichst unabhängig von der eigenen Elterngeneration bleiben möchte.

Vielen Großeltern, mit denen ich mich über diese Fragen unterhalten habe, ist es aber gelungen, Wege für ein befriedigendes Verhältnis zu ihren Enkeln und deren Eltern zu finden. Sie sind dann ein nicht wegzudenkender Bestandteil im Leben der Enkelkinder und werden von ihnen geliebt und gebraucht. Der gegenseitige Austausch und die Teilnahme am Leben der anderen ist für beide Seiten bereichernd. Insofern gibt es immer noch Großeltern, die ganz wichtige Rollen im Leben ihrer Enkel einnehmen.

Wie wichtig Großeltern sich selber heute nehmen, zeigt sich in der Gründung einer Europäischen Großeltern-Schule und einer Großelterngewerkschaft in den USA.[4]

Ergebnisse einer wissenschaftlichen Untersuchung[5]

François Höpflinger, Altersforscher an der Universität Zürich, bemerkt zur demografischen Alterung, dass heute erstmals in der Menschheitsgeschichte ältere Altersgruppen zahlreicher sind als jüngere. Das heißt, dass Fragen der Generationensolidarität in Zeiten einer fraglich gewordenen Sozialpolitik wieder stärker an Bedeutung gewinnen. Infolgedessen mehren sich Hinweise, dass die Beziehungen zwischen Großeltern und Enkelkindern unter den heutigen Bedingungen vitalen und aktiven Alterns intensiver werden. Die Möglichkeit, länger gesund leben zu können, verknüpft mit der Chance, das eigene Alter kreativ zu gestalten, erhöht die Aussicht, die Freuden der Großelternschaft bewusst genießen zu können.

Gesundheitliche Einschränkungen reduzieren die Möglichkeit, Enkelkinder zu unterstützen. Deswegen spricht vieles für jüngere Großeltern, die fähig sind, körperlich mit ihren Enkeln noch Schritt zu halten.

Das Durchschnittsalter der Großmütter bei der Erhebung der Studie war 71 Jahre. Die meisten befanden sich im autonomen Rentenalter, d.h. in der nachberuflichen Lebensphase, wo gesundheitliche Einschränkungen vergleichsweise selten sind. Die Großväter waren durchschnittlich drei Jahre älter. Die meisten Enkelkinder zählten etwa zehn Jahre oder mehr, d.h. sie hatten Großeltern, die bei ihrer Ankunft knapp 60 Jahre oder jünger waren.

Wie verbreitet sind Großeltern? Es handelt sich bei ihnen um eine häufige Spezies, da nicht alle, aber eine große Mehrheit der heute lebenden älteren Menschen Großeltern sind. Namentlich gilt dies für die Generationen von Männern und Frauen, die in den 1950er- und frühen 1960er-Jahren jung waren, da in dieser Zeitperiode Heirats- und Geburtenhäufigkeit ausgesprochen hoch waren. So blieben von den 1935 geborenen Frauen, die im Jahre 2006 71 Jahre alt wurden, nur 15 Prozent kinderlos, sodass die Wahrscheinlichkeit, dass die anderen 85 Prozent Großmutter wurden bzw. noch werden, sehr hoch einzuschätzen ist. Zu Hause lebende AHV-RentnerInnen[6] haben übrigens zu über 70 Prozent Enkel.

Spätere Frauengenerationen mit weniger Kindern bzw. einem höheren Anteil an Kinderlosen (vor allem gut ausgebildete Frauen jüngerer Generationen verzichten öfters auf Kinder) werden entsprechend weniger häufig die Geburt von Enkelkindern erleben.

Und wie zahlreich sind die Enkel? Bei den Großeltern der in der Studie befragten Teenager dominierte zur Zeit der Familiengründung das traditionelle Modell der Familie. Die befragten Großmütter wurden durchschnittlich mit 24,5 Jahren erstmals Mutter, die Männer waren bei der Geburt des ersten Kindes 26,6 Jahre alt. Das bedeutet, dass die Frauen im Durchschnitt mit 52 Jahren erstmals Großmutter wurden und die Männer mit 54,5 Jahren Großvater. Nahezu zwei Drittel der befragten Großeltern hatten zwei bis drei Kinder, ein Drittel sogar vier oder mehr. Großeltern dieser Generation sind deshalb häufig mit vielen Enkelkindern gesegnet. Eine knappe Mehrheit (52 Prozent) hatte zwei bis fünf Enkel, gut ein Zehntel sogar mehr als zehn.

Die Häufigkeit von Kontakten bei vielen Enkeln nimmt naturgemäß ab, namentlich, wenn diese in verschiedenen Familien an weit auseinanderliegenden Orten leben. Nur etwa ein Drittel der Enkel wohnt am selben Ort wie die Großeltern; bei einem Fünftel beträgt die Distanz eine Fahrstunde. Auch die Zeit, die Großeltern der Beziehung zu jedem einzelnen Enkelkind widmen können, wird bei einer großen Anzahl weniger.

Dies kann sich mit dem heutigen Trend zur Kleinfamilie ändern. Bereits eine Generation später haben Großeltern im Durchschnitt nur noch 2,3 Enkel. Die Zeitschrift »Geo«[7] bemerkt dazu:

> Die bei den Großeltern noch weit verzweigte Familie gleicht immer mehr einer Bohnenstange. Einem schlanken Gewächs aus drei, immer häufiger vier Generationen. Je schmaler, desto fragiler, möchte man meinen. Doch der Verlust familiärer Seitenzweige schadet nicht dem Stamm: Kontakte zwischen Großeltern, Eltern und Enkel sind meist deutlich intensiver als zwischen Geschwistern. – Bei einem Viertel der Kinder kommen Großeltern gleich nach Vater und Mutter und noch deutlich vor Freunden, Brüdern und Schwestern.

Um ein Bild zu gebrauchen: Der Kuchen kann kleiner werden, dafür werden die Stücke größer, wenn nicht so viel geteilt werden muss. Die Verbindung kann auf jeden Fall bestehen bleiben. Laut der Studie lösen sich aus der Sicht der Großeltern die Kontakte zu Enkeln auch im hohen Alter nicht auf.

Interessant in diesem Zusammenhang ist die Frage, wie Großeltern und Enkel leben. In West-, Nord- und Mitteleuropa ist das Getrenntwohnen der Generationen üblich. Das Muster des getrennten Wohnens und Haushaltens hat sich in den letzten Jahrzehnten noch verstärkt. Selbst im hohen Alter dominiert das getrennte Wohnen.[8] Nur etwa acht Prozent aller Dreigenerationenfamilien leben unter einem gemeinsamen Dach; die Hälfte davon in getrennten Wohnungen. Ausnahmen ergeben sich am ehesten bei sehr alten Frauen, die bei ihren Kindern Aufnahme finden, oder umgekehrt: Großeltern nehmen verwaiste Enkel bei sich auf.

Wie viele Kinder haben denn überhaupt Großeltern? Aufgrund der heutigen hohen Lebenserwartung haben nur wenige Kinder gar keine noch lebenden Großeltern. Vier Prozent der befragten zwölf- bis 16-jährigen Schüler hatten alle Großeltern verloren. Jedes siebte Kind hatte einen noch lebenden Großelternteil, eine gute Mehrheit hatte zwei bis drei Großelternteile, und ein Fünftel kann auf alle biologischen Großeltern zurückgreifen. Nur wenige Kinder haben dagegen mehr als vier Großeltern.

In der Kindheit der Enkel waren mehr Großmütter als Großväter noch am Leben, da Frauen im Durchschnitt älter werden als Männer. Zudem sind sie häufig jünger als ihre Ehemänner. Der Anteil der noch lebenden Großmütter mütterlicherseits lag bei 79 Prozent, väterlicherseits bei 73 Prozent. Der Vater des Vaters war dagegen bei fast der Hälfte der befragten Jugendlichen bereits verstorben.

Soziale Großeltern werden von den Kindern seltener angeführt; wohl weil sie nicht immer zu den Großeltern gezählt werden. Weniger als zehn Prozent der befragten Kinder gaben nämlich einen Stiefgroßvater oder eine Stiefgroßmutter an, und nur in fünf bis sechs Prozent der Fälle wird eine neue Partnerin des Großvaters oder ein zweiter Partner der Großmutter bei den Großeltern aufgeführt.

Dreigenerationenhaushalte werden manchmal gebildet, wenn die Eltern des Enkelkindes aufgrund einer Scheidung, infolge Arbeitslosigkeit oder wegen einer Teenagerschwangerschaft keinen eigenen Haushalt bestreiten können. In der

Schweiz und auch in vielen anderen europäischen Ländern sind die geringe Arbeitslosigkeit und ein starkes soziales Auffangnetz Faktoren, welche dazu beitragen, dass erwachsene Söhne und Töchter mit ihren Kindern selten bei den Großeltern leben. Das Zusammenleben mit einem Großelternteil kann den Enkeln jedoch nachhaltige Eindrücke vermitteln. Beispiele davon finden sich in dem Kapitel »Wenn sich Erwachsene an ihre Großeltern erinnern« (S. 95).

Wie wichtig die Rolle der Großelterngeneration bei der Betreuung der Enkelkinder ist, zeigt die imposante Zahl von 80 Millionen Stunden jährlich, in denen Großmütter in der Schweiz ihre Enkel hüten. Die reine Stundenzahl sagt zwar noch nicht viel aus über die Qualität der miteinander verbrachten Zeit, spricht aber doch für das enorme Engagement für die Enkel. Der ökonomische Wert dieser Betreuungszeit fällt dagegen bereits volkswirtschaftlich ins Gewicht.

Dass dies nicht selbstverständlich ist, zeigt ein geschichtlicher Abriss der Großelternschaft. Im 16. Jahrhundert taucht der Begriff »Großeltern« erstmals auf. Er bezeichnet aber nichts weiter als »alte Eltern«. Diese führen einen eigenen Hausstand und arbeiten, meistens bis zu ihrem Tod. Da ein Abstand von 20 Jahren zwischen Geschwistern nicht ungewöhnlich ist, verwischen sich die Unterschiede zwischen Eltern und Großeltern. Maria Elisabeth Stampferin aus der Steiermark z.B. bekommt ihr letztes Kind 1685. Es ist das sechzehnte, und zu dieser Zeit ist die 47-Jährige bereits neunfache Großmutter. Niemand erwartet von ihr, dass sie sich um ihre Enkel kümmert. Erst im 18. Jahrhundert erhält die Großelternschaft eine Funktion als eigener Lebensabschnitt mit ganz besonderen Aufgaben. In diesem Zeitraum wurde im bürgerlichen Beamtentum der Ruhestand eingeführt. Zum ersten Mal verfügten ältere Menschen über einen Abschnitt im Leben, in dem sie nicht mehr arbeiten mussten. Zudem begannen die Menschen immer früher zu heiraten, wodurch die Chance für Kinder stieg, ihre Großeltern überhaupt kennenzulernen.[9] Als Zeichen herzlichster Verbundenheit mit den Großeltern sei ein Brief des siebenjährigen Goethe zitiert:

> Bei dem erfreulichen Anbruche des 1757sten Jahres wollte seinen hochgeehrten und herzlichgeliebten Großeltern die Gesinnung kindlicher Hochachtung und Liebe durch folgende Segenswünsche zu erkennen geben deroselben treugehorsamster Enkel Johann Wolfgang Goethe.

Großeltern in der Zukunft

Möglicherweise hält die Tendenz zu immer jünger werdenden Großeltern in den nächsten Jahrzehnten nicht an. Die jüngste der von mir befragten Großmütter war 47 Jahre alt, und ich habe von noch jüngeren Frauen gehört, deren Töchter als Teenager Mutter wurden. Aber verallgemeinern lässt sich das nicht, denn die Statistik sagt etwas anderes. Sehr junge Mütter gehören mit ihrem Lebensentwurf zunehmend einer Minderheit an. 1960 war jede dritte Frau in der Schweiz unter 25 Jahre alt, als sie ihr erstes Kind gebar, 2006 waren es noch knapp elf Prozent. Die Zahl der über 35-jährigen Mütter hat sich – bei sinkender Geburtenrate – fast verdreifacht, auf über 27 Prozent. Fünf Prozent der Erstgebärenden sind heute über 40 Jahre alt. Die meisten Frauen bringen ihr erstes Kind zwischen 30 und 35 zur Welt. Der aktuelle Durchschnitt liegt bei 31 Jahren.[10] In der gynäkologischen Praxis freut man sich, wenn wieder einmal eine junge schwangere Frau auftaucht.

Das Durchschnittsalter der von mir befragten Großeltern liegt bei 55 Jahren. Sie gehören offenbar einer Generation an, die ihre Kinder zwischen 20 und 30 Jahren bekamen, und diese Kinder wiederum folgten auch noch weitgehend diesem Rhythmus. Die Folge davon ist, dass heute Großeltern im Allgemeinen noch fit und gesund sind und die Enkelbetreuung gut leisten können, außer diese Aufgabe kollidiert mit ihren eigenen beruflichen oder persönlichen Interessen.

Bei künftigen Großeltern – den Eltern von spät gebärenden Frauen und deren Männern – könnte wieder eine Verschiebung ins höhere Lebensalter stattfinden. Dies würde bedeuten, dass ihnen mehr Freiraum bleiben würde in der nachberuflichen Phase, aber auch, dass sie unter Umständen nicht mehr so rüstig wären als Großeltern. Immerhin würden sie durch die demografischen Veränderungen – viele Menschen werden beträchtlich älter – ihre Enkel doch noch erleben.

Schauen wir uns die Gründe für die Verschiebung des Gebäralters auf über 30 Jahre an. Es spiegelt sich ein gesellschaftlicher Trend darin und die Einladung zur Selbstfindung und freien Bestimmung über das eigene Leben ohne Leistungs- und Tempodiktat. Die Autorin Iris Radisch, 48, ruft die Frauen auf zum »Mut zur Gebärbummelei«. Sie schrieb in der »Zeit«, es sei eine Kulturleistung, dass Frauen bei ihrem ersten

Kind immer älter wären, »ein unbedingt zu verteidigender Zugewinn an Freiheit und Selbstbestimmung«. Deshalb sollten sich Frauen nicht bedrängen lassen, früh Kinder zu haben, denn sie könnten etwas verpassen: »Die Freiheit zum Trödeln, zum Abseitigen, zum scheinbar Sinnlosen ist eine zu kostbare Errungenschaft, um sie dem Statistischen Bundesamt oder sonst wem zuliebe zu opfern.« Also auch nicht Großeltern zuliebe, die gerne Enkel hätten.

Neben der Freiheit zur Selbstfindung, die einer ausgedehnten Jugendzeit gleichkommt, in der das Leben eine »Erlebniszone mit Zentrum Ich« oder allenfalls mit einem weiteren Brennpunkt »Partner« ist, gibt es andere Gründe, die gegen das Kinderhaben in jungen Jahren sprechen: Die Rahmenbedingungen sind nicht optimal, ein mangelndes Betreuungsangebot und eine familienunfreundliche Wirtschaftswelt schrecken ab. Lange Ausbildungszeiten und die Unvereinbarkeit von Kindern mit außerhäuslicher Arbeit wecken Bedenken. Fast die Hälfte aller Akademikerinnen bleibt kinderlos. So wird Mutterschaft zu einem »Störfall«, den man aus Verantwortungsbewusstsein vermeidet. Das entspricht dem heutigen Anspruchsdenken, dass alles planbar ist. Die Entscheidungsfreiheit, die uns die Pille gebracht hat, erlaubt es, in den fruchtbarsten Jahren mit einem Kind zuzuwarten. Doch wie frei ist die Entscheidung fürs Aufschieben wirklich? Die Soziologin Elisabeth Beck-Gernsheim schreibt in ihrem Buch »Die Kinderfrage heute«:

> Aus dem Entscheidenkönnen wird die Pflicht zur bewussten Entscheidung. Oder noch pointierter gesagt: Mit der Verfügbarkeit

der Pille wird die Entscheidung für oder gegen ein Kind weiter »privatisiert«; aus den Zwängen der Biologie entlassen und in die Verantwortung von Mann und Frau gelegt.

Weil es den »richtigen« Zeitpunkt für ein Kind nie gibt – es stört den gewohnten Ablauf immer, stellt immer die Weichen neu –, kann man die Chance auch verpassen, ein Kind zu bekommen. Das Problem der ungewollten Kinderlosigkeit bei Frauen über 40 zeigt, dass mit der Pille eine neue Unfreiheit Einzug gehalten hat: Die Wahlfreiheit gerät in Konflikt mit den biologischen Gesetzlichkeiten und wird dadurch eingeschränkt.

Was halten Vertreterinnen früher Mutterschaft der aufgeschobenen, streng geplanten entgegen? Die Journalistin des Tages-Anzeiger, Birgit Schmid, hat Mütter, die früh ihr erstes Kind bekamen, befragt, und diese erzählten, dass sie ihren halb Bauch-, halb Kopfentscheid, ihr »Passiert es: gut, wenn nicht: auch gut« nicht bereut hätten. Sie finden, dass sie unbeschwert und unbesorgt waren, alles lockerer nehmen konnten, dass sie Ausbildung oder Studium mit Kindern unter einen Hut gebracht hätten, gerade weil sie flexibler waren, und dass sie dabei lernten, ihre Zeit gut einzuteilen. Der verpassten »Selbstfindung« trauern sie nicht nach. Einer von ihnen, der als junger Mann Vater geworden war, formuliert es so: »Wir konnten uns nicht leisten, auf uns selbst zurückgeworfen zu sein. Das macht alles bodenständiger. Ich säuberte Kinderfüdli (Kinderpopos) und hatte keine Zeit, mich selber zu finden.« Eine Mutter dazu: »Ich war jung und vertraute darauf, dass es schon gut gehen wird. Ich hatte kein Geld, dafür Zeit. Heute wäre es umgekehrt.« Diese jungen Eltern freuen sich auf die Zeit, in der ihre Kinder flügge sein werden. Mit 40, stellen sie sich vor, wären sie befreit von den Erziehungsaufgaben und Elternpflichten und könnten eine Phase mit mehr Freiheit genießen. Einzig der Gedanke, sehr früh Großeltern zu werden und bald wieder kleine Kinder hüten zu müssen, bereitet ihnen etwas Stress.

Aus heutiger Sicht betrachtet tut sich ein Fächer von Möglichkeiten für die Großelternschaft auf: Es gibt die an Jahren jungen Großeltern mit der Chance, Urgroßeltern zu werden, bis hin zu den älteren und jung gebliebenen Großeltern in späten Lebensphasen. Dabei wird immer ein Rest nicht planbarer Ereignisse mitspielen, was eigentlich tröstlich ist.

Die Großeltern und die junge Familie

***

Gehen wir an den Beginn der Dreigenerationenfamilie: die Geburt eines Enkelkindes. Wie werden die zukünftigen Großeltern über ihren neuen Stand informiert, wie geht es ihnen während der Schwangerschaft und nach der Geburt ihres Enkelkindes, wenn sie es zum ersten Mal sehen, welche Gefühle haben sie ihm gegenüber?

***

Ein Enkelkind ist unterwegs

Wenn Sie noch nicht Großeltern, aber Eltern von erwachsenen Kindern mit Partnern und Partnerinnen sind, haben Sie eine Vorstellung davon, wie Ihnen Ihr veränderter Status mitgeteilt werden könnte? Ein gängiges Klischee besagt, dass Eltern überzeugt sind, ihre Kinder möchten auch Eltern werden. Sie nehmen an, dass sie die Mitteilung so früh wie möglich erhalten. Sie werden seufzen: »Wie schön!«, sich neun Monate lang freuen und davon träumen, was sie mit dem kleinen Mädchen oder Buben alles anfangen möchten.

Das kann tatsächlich so ablaufen. Eine der von mir befragten Großmütter erzählte mir, dass sie sicher war, Enkelkinder zu bekommen, weil ihre Tochter nur einen Mann heiraten wollte, der auch bereit war, Kinder zu haben. Die Realität hält aber auch viele andere Varianten bereit. Im Extremfall werden Großeltern nach der Geburt mit der Tatsache überrascht, dass ein Enkelkind angekommen ist, oder sie sind überhaupt nicht auf die Nachricht gefasst, weil sie zuvor immer wieder gehört haben, dass ihr Sohn oder ihre Tochter sich auf keinen Fall Kinder wünscht. Eine Großmutter, deren Sohn nichts von Kindern wissen wollte, fragte vorsichtig nach, ob es denn dabei bleiben würde. Der Sohn reagierte überrascht, denn das Enkelkind war bereits unterwegs! Es muss sich wohl atmosphärisch zu erkennen gegeben haben.

Manche junge Paare wollen die köstliche Intimität zu dritt so lange wie möglich für sich behalten, ehe sie ihre eigenen Eltern informieren. Es kann auch sein, dass sie Einmischungen befürchten oder emotionale Reaktionen, die ihnen unangenehm sind. Wieder andere warten zu, weil eine vorangegangene misslungene Schwangerschaft große Trauer ausgelöst hat und sie sicher sein wollen, dass das kleine Wesen die kritischen ersten drei Monate übersteht.

Ich habe den Eindruck gewonnen, dass das »Wann« und »Wie« der Mitteilung an die werdenden Großeltern stark von der Beziehung zwischen den Generationen abhängt. Wenn erwachsene Kinder noch sehr um ihre Unabhängigkeit kämpfen müssen, ziehen sie die Eltern eher spät ins Vertrauen. Besonders bei Söhnen ihrer Mutter gegenüber kann das ein Motiv sein. Das englische Sprichwort »Deine Tochter bleibt deine

Tochter ihr Leben lang, dein Sohn bleibt dein Sohn nur bis zu seiner Heirat« scheint hier zuzutreffen. Töchter können sich nach dem Modell ihrer Mutter richten und erleben eine neue Verbindung mit ihrem Geschlecht, wenn sie selber Mutter werden. Söhne müssen sich von der wichtigsten weiblichen Figur in ihrem Leben ablösen und eine tragende Bindung an ihre Partnerin aufbauen. Diese schätzt vielleicht die Nähe ihres Mannes zu seiner Mutter nicht und fordert, dass sie jetzt an erster Stelle steht. Das ist an sich gesund, aber es kann einen Loyalitätskonflikt bewirken, der zur Folge hat, dass die Schwiegermutter nicht von Anfang an teilhat an der Schwangerschaft.

Andererseits gibt es rührend gewählte Momente für die Mitteilung, dass das junge Paar ein Kind erwartet. In einer Familie der von mir Befragten wurde die feierliche Botschaft an Weihnachten überbracht, mit einem Glas Sekt unterstrichen. In einer anderen am sechzigsten Geburtstag der Großmutter in spe, die darob ein tiefes Gefühl von Zufriedenheit verspürte und plötzlich wusste, dass sie bereit war, die Großmutterwürde anzunehmen.

Eine 90-jährige, französisch sprechende Dame, die Urgroßmutter wurde und von der Nachricht überwältigt war, antwortete auf die Frage, ob sie ein Glas Wasser wolle, resolut: »Non, maintenant il me faut un Cognac!«[11]

Im Schwangerschaftstagebuch, das einer der von mir befragten Großväter anlegte, findet sich folgender Text zum Thema: »Wann erfahren Großeltern, dass sie es geworden sind?«

25. Dezember 2006

Heute kommen deine Mami und dein Papi zu uns. Uns, das sind wir, deine Oma und dein Opa, die dir diese Zeilen widmen. Deine Eltern kommen nicht allein, doch das wissen wir noch nicht. Erst als uns deine Eltern überglücklich umarmen und uns mitteilen, dass wir nun Großeltern sind, ist das schönste Weihnachtsgeschenk geöffnet, auch wenn du dich noch ganz artig versteckst. Ich spüre das tiefe Glück deiner Eltern und sehe die Freudentränen, die auch mich berühren. Du bist in der elften Woche deines Werdens. Wenn ich im Buch von Lennart Nilsson »Ein Kind entsteht« nachschlage, so bist du ungefähr 14 mm groß. Ich spüre eine zärtliche Verbindung zu dir und bin sehr stolz auf deine Eltern. Deine Oma und ich erinnern uns, dass wir im ähnlichen Alter waren, als wir deinen Papi erwartet haben.

Dieses Paar hat vom ersten Moment an gefühlt, dass sie nun Großeltern sind, weil ihr Enkelkind existiert. Darin liegt eine große Achtung vor dem winzigen, noch ungeformten und unsichtbaren Wesen im Schoße seiner Mutter.

Nicht immer jedoch sind Großeltern entzückt über die Beförderung in den neuen Rang. Bei Frauen wie bei Männern kann es sein, dass sie sich zu jung dazu fühlen und noch voll im Berufsleben engagiert sind. Einem Großvater war es peinlich, weit und breit der jüngste Opa in seinem Freundeskreis zu sein. Auch wenn das eigene letzte Kind erst kürzlich das Haus verlassen hat und die Eltern sich dringend eine Pause vom Kinderaufziehen wünschen, kann die Aussicht auf ein Enkelkind ungelegen kommen. Eine Großmutter erzählte mir, dass sie die Nachricht nicht erfreulich fand, weil sie erschöpft war von der langen Pflege ihrer eben verstorbenen Mutter und die neue Freiheit in ihrem Leben genießen wollte. Bei den später geborenen Enkeln konnte sie sich mehr freuen. Die Lebensagenda der Großeltern spielt eine wichtige Rolle für die Bereitschaft, ein Enkelkind in ihr Leben aufzunehmen. Es kann wie ein Schock auf sie wirken, plötzlich in die Großelterngeneration gerutscht zu sein.

Passt das Kind nicht in das Leben der Tochter, beispielsweise weil sie ihre Ausbildung noch nicht abgeschlossen hat oder weil sie noch ein Teenager ist, kann die Nachricht ebenfalls ein Schock sein. In diesem Fall bedeutet das Enkelkind meist eine große seelische und materielle Belastung für die Großeltern. Tapfere Großmütter packen die Aufgabe mutig an. Sie leben mit Tochter und Enkel zusammen, obwohl sich unvermeidbar Konflikte aus der Situation ergeben. Zum Beispiel wenn das Enkelkind aus Versehen »Mama« zu seiner Oma sagt, oder wenn diese findet, die junge Mutter müsse auch Verantwortung übernehmen und könne nicht so häufig in Discos gehen, während die Oma auf das Kind aufpasst.

Die Nachricht, dass ein Enkelkind kommen wird, kann auch eigene alte Konflikte wiederbeleben oder Loyalitätskonflikte bewirken. Eine Großmutter erfuhr von ihrem Sohn, dass er sich durch die Schwangerschaft von seiner Partnerin erpresst fühlte. Diese hatte sich das Kind gewünscht, während er noch nicht bereit war dafür. Seine Mutter freute sich auf das Kind, fühlte aber auch mit ihrem Sohn, umso mehr, als sie selber ungewollt schwanger geworden war und den Zwiespalt nachempfinden konnte. Sie ließ das junge Paar selber die Entscheidung finden, die dann schließlich zugunsten des Kindes fiel.

Großeltern können während der Schwangerschaft auch von ängstlichen Gefühlen befallen werden. Fragen wie »Ob alles gut geht? Ob das Kind gesund ist?« beschäftigen sie ebenso wie die Eltern. Dazu ein Auszug aus dem oben zitierten Schwangerschaftstagebuch:

> 1. Januar 2007
>
> Deine Geburt wird sicher einer der Höhepunkte im Sommer sein. Wir denken schon jetzt daran und wissen doch gar nicht, ob du auch kommen willst. Wir müssen es dir überlassen, auch wenn deine Eltern den Platz für dich so schön und feinfühlig bereit gemacht haben. Ich will mit dem Gedanken, dass du sterben und wieder gehen könntest, ganz vorsichtig und behutsam umgehen. Weißt, ich habe in meiner Arbeit mit Eltern und kleinen, ungeborenen Wesen, wie du es bist, oft auch mit der Tatsache zu tun, dass die Kinder wieder gehen, was die Eltern sehr, sehr traurig macht und mich auch immer wieder sehr berührt. Doch bei all den Gedanken will ich nicht vergessen, dass du mir, seit ich von deinem Dasein weiß, schon so viel Freude gemacht hast. Dafür danke ich dir. Ich bin und bleibe dein Opa.

Beim Lesen dieser Zeilen wurde mir bewusst, dass eine Schwangerschaft uns zu Eltern macht, auch wenn wir das Kind verlieren, und ebenso, dass wir Großeltern bleiben, wenn es uns früh verlässt.

Während der Schwangerschaft dieses so herzlich aufgenommenen Kindes war tatsächlich eine medizinische Intervention nötig, die jedoch glimpflich ablief. Während eines Vortrags über Geburtskomplikationen, den die werdende Mutter besuchte, um sich über alle Möglichkeiten zu informieren, turnte das Baby aber unbesorgt in ihrem Bauch herum, als ob es sich durch die Zuversicht und das Vertrauen seiner Eltern sicher gehalten fühlte.

Geburt und erste Begegnung

Das Fest der Geburt

... Es ist nichts. Fast nichts.
Man ist einfach still.
Vollkommen ruhig
und allein mit sich selbst.
Allein.
Alles, was von anderen Menschen
und von außen kommt,
kann nur stören.
Es ist ein Augenblick vollkommener Einsamkeit,
in dem man sich doch nicht
alleingelassen fühlt.
Oh nein, im Gegenteil.
Vollkommen ruhig
in dieser Ruhe und dem Schweigen
ist auch nicht die geringste Angst.
Man spürt alles,
was von innen kommt:
die ganze Kraft,

die ganze Liebe
des Kindes.
Man ist wie in einem magischen Kreis mit ihm.
Unantastbar, unverwundbar.
Sicher und geborgen
in einem solchen Frieden,
dass man nichts zu fürchten braucht.
Man ist einfach nur da,
voller Freude und Erwartung.

Frédérick Leboyer[12]

Dieser Text drückt die Stimmung nach der überstandenen Fährnis aus, wie die Mutter des Kindes sie empfindet. Die Großeltern nehmen diese Atmosphäre im Geburtszimmer auf, wenn sie ihr Enkelkind zum ersten Mal sehen. Für manche kommt dieser Moment kurz nach der Geburt oder nach einigen Stunden, für manche erst nach einem oder zwei Tagen. Nur diejenigen, deren Enkel weit weg, auf einem anderen Kontinent zur Welt kommen, müssen warten und ihre Ungeduld zügeln, was sie oft schmerzlich empfinden. Die meisten Großeltern, die ich befragt habe, eilten so schnell wie möglich ans Bett der Tochter oder Schwiegertochter, um das Enkelkind zu sehen und ihre Kinder oder Schwiegerkinder zu umarmen. Nicht sehr häufig ist die Mutter der Schwangeren bei der Geburt dabei und bekommt so das Ereignis hautnah mit.[13] Meistens benachrichtigen aber die Eltern des kleinen Erdenbürgers die Großeltern recht schnell, um ihnen mitzuteilen, dass alles gut gegangen ist und wie das Kind heißt.

Eine Großmutter beschrieb, wie sie nach der freudigen Nachricht mit Champagner unterm Arm in die Klinik eilte. Die Leintücher waren noch blutig, das Kind nicht einmal gebadet; es wurde wirklich unmittelbar nach der Geburt gefeiert. Fast übereinstimmend bezeichnen Großeltern den Moment des ersten Sehens als beglückend, ergreifend, beinahe überwältigend, mit Ehrfurcht und Dankbarkeit erfüllend.

Stellvertretend seien im Folgenden ein paar Worte von frischgebackenen Großeltern zitiert:

So klein, so winzig – und doch alles dran.

Ich konnte mich an dem feinen kleinen Wesen nicht sattsehen – ich habe es mit meinen Augen in mich hineingenommen.

Dort – in einem kleinen Bettchen – lagen zwei winzige, verletzliche, kleine Wesen. Der Kleinere berührte den Größeren mit dem Händchen am Unterarm, wie wenn er sich vergewissern wollte, dass der andere immer noch in der Nähe sei.

Ich war erstaunt über die Einmaligkeit eines, wenn auch noch so kleinen Kindes.

Der berührende Moment beim ersten Anblick des Enkelkindes kann eine unerwartete Bedeutsamkeit annehmen:

Als ich in seine Augen blickte, war mir, als ob ein Fenster zur Ewigkeit offen stünde, und ich fragte mich: Wer ist da aus dem Jenseits zu uns gekommen?

Wie behutsam Großeltern mit dem Neugeborenen umgehen können, zeigen folgende Zeilen eines neugebackenen Großvaters:

> Ich spürte viel Zärtlichkeit und Glück und einen ganz tiefen Respekt davor, den kleinen Buben zu berühren. Ich spürte die wunderschöne Energie von Eltern und Kind, die sich wie ein heiliger Raum anfühlte, den ich vorerst nicht zu betreten wagte.

Die dazugehörende Oma schildert den Augenblick so:

> Für mich war es wie ein Wunder. Ich spürte eine tiefe Achtsamkeit und Dankbarkeit.

Diese beiden Großeltern hatten emotional sehr an der Schwangerschaft teilgenommen und den Enkel mit Spannung erwartet. Fast etwas nervös brachen sie ihre Urlaubstour per Fahrrad zehn Tage vor dem Geburtstermin ab, um in der Nähe zu sein, falls das Kind etwas früher kommen sollte. Sie erhielten von ihrem Sohn, dem Vater des Kindes, kurz nach der Geburt ein elektronisches Bild mit der Nachricht:

> Hier bekommt ihr einen Schnappschuss. Unser Sohn ist einfach faszinierend. Ich könnte ihn stundenlang anstaunen. Es ist wunderschön zu spüren, wie Ihr Euch auf das Oma- und Opasein freut. Danke für den Halt, den ihr uns gebt.

Der betreffende Großvater hatte ein »Schwangerschaftstagebuch« angelegt, in das er alle Begebenheiten, die Gespräche mit den werdenden Eltern und seine inneren Dialoge mit dem zukünftigen Enkelkind eintrug. Der letzte Eintrag nach der Geburt lautet:

Unser lieber kleiner LEON

Welche Freude, dich kennenzulernen!
Seit gestern bist du nun da.
In tiefer Liebe und Dankbarkeit heißen wir dich
willkommen.
Noch ehe wir von dir wussten,
haben wir an dich gedacht.
Im vergangenen Sommer waren wir in Alaska,
hoch im Norden von Amerika.
Es ist die Heimat von Lars, dem kleinen Eisbären,
dessen Geschichte dir Mami oder Papi
bald einmal erzählen werden.
Dort haben wir an dich gedacht
und dir einen kleinen Bürger
aus diesem unendlich weiten und schönen Land mitgebracht.
Was dieser kleine Bär so alles treibt,
was er erlebt und
wie er mit dem Leben zurechtkommt,
sollst du später erfahren.
Er soll dich heute begleiten mit seiner Weichheit,
mit seiner Kraft und Zuneigung.
Er wird immer da sein, wenn du ihn brauchst.
Du kannst dich auf ihn verlassen.
Er wird da sein, wenn du weinst,

da sein, wenn du lächelst,
da sein, wenn du plauderst,
da sein, wenn du Mami und Papi anschaust,
da sein, wenn du träumst und
da sein, wenn du am Morgen erwachst.
Du bist einzigartig für ihn.
Wenn er da ist, brauchst du keine Angst zu haben.
Du kannst ihm vertrauen!
Viele schöne Stunden mit ihm wünschen dir
dein Opa und deine Oma

Dieses Vertrauen in die Nähe derer, die für es sorgen, wird beim Baby von Anfang an aufgebaut durch die Nähe und körperliche Berührung mit Eltern und Großeltern. Eine der von mir befragten Großmütter erklärte den Moment als überaus berührend, als sie im Wochenbettzimmer ihren eben auf die Welt gekommenen Enkel auf dem Bauch des Vaters liegend fand, die Mutter zufrieden daneben sitzend.

Die Freude am Neugeborenen kann auch getrübt werden durch Ängste und Sorgen. Wenn das Kleine zu früh kommt und »verkabelt« im Inkubator liegt oder wenn es eine Behinderung hat, sorgen sich natürlich die Großeltern mit den Eltern, ob es sich erholt und gesund heranwachsen kann. Daraus kann auch eine stärkere Verbindung zwischen Eltern und Großeltern entstehen; sie bilden dann eine Schutzgemeinschaft für das gefährdete Enkelkind.

Die Geburtserfahrung der Tochter kann ebenso Erinnerungen an eigene traumatisch erlebte Geburten wachrufen. Gerade diese geteilte Erfahrung einer langen und schmerzlichen Geburt, die mit einem Kaiserschnitt endete, stiftete in einem Fall zwischen Mutter und Tochter, deren Beziehung bis zur Geburt etwas problematisch war, eine neue verständnisvolle Verbindung.

Auch zwischen den Eltern kann die Geburt ihres Kindes Versöhnung bewirken. Bei einem jungen Paar war der Vater nicht auf ein Kind eingestellt, erklärte sich aber schließlich mit der Schwangerschaft einverstanden, weil die Mutter sich weigerte abzutreiben. Es blieb ein Rest Unwille zurück mit dem Gefühl, ein erzwungenes Ja abgegeben zu haben. Während der langen schmerzlichen Stunden der Wehen und der Geburt, deren Zeuge er wurde, vollzog sich in dem Mann eine Wandlung, sodass er sein Kind mit Tränen der Rührung begrüßte und seiner Frau einen Versöhnungskuss gab.

Es sei nicht verschwiegen, dass nicht alle Großeltern ihr Enkelkind mit demselben Enthusiasmus begrüßen. Ein rational eingestellter Großvater drückte es so aus:

> Ich konnte nicht viel anfangen mit den kleinen rosa Schrumpelköpfen. Später, als sie lachen konnten, gefielen sie mir besser.

Das erste Enkelkind

Der erste Enkel erzieht uns zu Großeltern. Er ist der Vorreiter für die nachfolgenden Geschwister, und wir entwickeln uns mit ihm zu Großeltern, indem wir gemeinsam einen Weg mit ihm gehen.

Die bevorstehende Ankunft eines Enkelkindes, besonders des ersten, verursacht meist freudige Aufregung. Das Strickwerk der Familie wird um eine neue Reihe erweitert; die Kaskade der Generationen fällt um eine Stufe tiefer. Oft ist und bleibt der erste Enkel der Lieblingsenkel, zu dem man eine besonders innige Beziehung aufbaut, schon deshalb, weil man mit ihm am meisten Zeit verbringt, bevor weitere Enkel nachrücken.

Die dreieinhalbjährige Enkelin hört einer Diskussion über Sucht zu. »Was ist süchtig?«, will sie wissen. Die Großmutter erklärt: »Wenn man etwas sucht, das man immer wieder will und begehrt.« »Dann bin ich Omami-süchtig«, ist die messerscharfe Folgerung der Kleinen.

Das erste Enkelkind ist einigen der Großmütter, die ich befragte, das vertrauteste. Mit ihm besteht eine besondere Seelenverwandtschaft, man weiß ohne zu fragen, was in ihm vorgeht. Das heißt aber nicht, dass man es vorbehaltlos willkommen geheißen hat. Großeltern, die ihr erstes Enkelkind bekommen, können Ablehnung, Indifferenz oder Entzücken über die Nachricht empfinden. Manchmal pendeln sie auch zwischen unterschiedlichen Gefühlen hin und her.

Einer der befragten Großmütter wurde durch das erste Enkelkind, auf das sie sich zwar freute, plötzlich ihr Alter bewusst: »Ich gehöre jetzt zur Großeltern-Generation!« Diese Erkenntnis und die daraus folgenden Konsequenzen gehören zu den Erfahrungen, die das Erscheinen eines Enkelkindes für das Leben der Großeltern bereithält, und sie rufen unterschiedliche Gefühle wach. Wenn der erste Enkel unverhofft, ohne dass man im Geringsten damit gerechnet hat, die Lebensbühne betritt, kann das ein Schock sein für Großeltern, die sich noch keineswegs bereit fühlen, diese Funktion zu übernehmen.

Eine relativ junge Stiefmutter wurde mit der Tatsache konfrontiert, dass ihre Stieftochter mit 17 Jahren ungeplant schwanger wurde. Hier war es nicht die frühe, unerwartete Großmutterschaft an sich, welche Verwirrung stiftete, sondern die unklare Situation der jungen Frau. Sie vertraute sich ihrer Stiefmutter als Erster an. Diese, einerseits geehrt durch das Vertrauen, andererseits belastet durch die Schwere der Botschaft, schrieb darüber:

> So hatte ich erst diese Spannung auszuhalten. Ich war erschrocken und irritiert. Ich habe erst mal viele Probleme gesehen und mich erst freuen können, nachdem meine Stieftochter – als Folge langer Gespräche – etwas klarer mit sich und ihrer Situation war.

Ein Großvater war ebenfalls sehr erschrocken über die Nachricht des ersten Enkelkindes, weil dieses viel zu früh kam, als die Tochter noch in Ausbildung war. Auf die nachfolgenden Enkel konnte er sich dagegen vorbehaltlos freuen.

Ein anderer Großvater war restlos entzückt. Er schreibt:

> Es war eine riesige Freude und tiefe innere Berührung. Ich war zu Tränen gerührt. Ich spürte eine tiefe Verbindung zu den Eltern und zum kleinen Wesen. Ich war einfach tief glücklich. Innerlich legte ich eine schützende Hand um das Kleine.

Eine der werdenden Großmütter war ebenfalls sehr einverstanden mit ihrer neuen Würde:

> Ich habe mich sehr gefreut, als ich Großmutter wurde. Ich spürte: Nun bin ich für diese Rolle bereit. Ich hatte vorher einige Jahre im Frühbereich gearbeitet und Mütter mit Babys und Kleinkindern beraten. Damals – wenn ich die Kleinen sah oder auf den Arm nahm – spürte ich, dass meine Bereitschaft zur Großmutterrolle wuchs.

Ein weiterer Großvater beschreibt seine Empfindungen so:

> Bei der ersten Enkelin löste die Nachricht warme Gefühle und Zufriedenheit aus, bei der zweiten ebenfalls, aber abgeschwächt.

Hier findet sich ein Hinweis auf die Besonderheit von ersten Enkelkindern. Die nachfolgenden werden zwar auch empfangen und geliebt, aber sie sind nicht mehr so einmalig und aufregend. Die Erfahrung ist schon gemacht, der neue Status eingeübt. Es kommen lediglich neue Facetten hinzu.

Und wie gehen erstgeborene Enkel mit weiteren Geschwistern um? Erstgeborene müssen sich immer zurechtfinden mit ihrer neuen Position in der Geschwisterreihe, besonders, wenn sie längere Zeit das einzige Kind geblieben sind. Leicht kann sich das Gefühl des Entthrontseins einschleichen und zu ablehnenden Reaktionen dem Geschwister gegenüber führen. Die Ablehnung kann aber auch der Großmutter gelten. Eine Dreijährige, welche nach der Ankunft eines Brüderchens erlebte, wie die Großmutter sich mit diesem beschäftigte, verkündete erbittert: »Zu dir komme ich nie mehr.« Das Neugeborene kann aber auch ein Segen sein, wie der Ausspruch einer Dreijährigen zeigt: »Jetzt bin ich glücklich. Ich bin nie mehr allein.«

Geschickte Mütter erleichtern ihrem älteren Kind die Umstellung, indem sie es in die Pflege des Babys einbeziehen. Es darf beim Stillen dabei sein oder dem Kleinen die Flasche geben. Großeltern können hier sehr hilfreich sein, indem sie ab und zu etwas mit dem Größeren unternehmen, wobei die Aufmerksamkeit ihm allein gilt. Dass die veränderte Situation nicht leicht zu bewältigen ist, zeigt die Bemerkung eines Enkels, als die Großmutter die Familie mit dem Neugeborenen zum ersten Mal zu Hause besuchte. Er sagte trocken zur Oma: »Den kannst du wieder mitnehmen.«

Mädchen oder Junge?

Bevor ich mit den Großelterngesprächen anfing, hatte ich nie überlegt, wie viele verschiedene Arten von Enkeln es gibt. Die einfachsten Unterschiede waren mir klar , aber ich lernte dazu, dass es neben Enkeln von eigenen Söhnen und Töchtern auch solche von ihren Partnern eingebrachte gibt, ferner Enkelkinder des eigenen Partners oder der eigenen Partnerin in neuen Verbindungen. Enkel verschiedenen Alters sind nicht dasselbe, so unterscheiden sich Baby-, Schulkind- und pubertierende Enkel ebenso wie solche in Ausbildung oder im Studium. Enkel von Alleinerziehenden bedürfen oftmals einer besonders intensiven großelterlichen Unterstützung. Darüber hinaus traf ich auf neue Ausdrücke wie »Wahlenkel« bei Kinderlosen und »Sternenenkel« als Bezeichnung für totgeborene oder früh verstorbene Kinder, was ich sehr berührend finde. Lieblings- und Sorgenenkel kamen vor, und mir wurde klar, wie differenziert Großeltern ihre Beziehung zu den Enkeln in unterschiedlichen Lebensphasen und verwandtschaftlichen Graden gestalten müssen.

Ein Unterschied war mir von Anfang an klar: der des Geschlechtes. Da ich selbst keinen Sohn habe, erlebte ich bei meinem Enkel zum ersten Mal ganz nahe die Entwicklung eines männlichen Kindes in der heutigen Gesellschaft mit. Ich sah, wie schwierig es ist, Empfindsamkeit und weiche Gefühle mit den Anforderungen einer robusten Knabenumwelt in Einklang zu bringen. Die Energie, die mir entgegenkam, war sehr verschieden von der seiner Mutter – meiner Tochter – als Kind, und ich musste mich gehörig umstellen auf dieses männliche Potenzial. Das machte aber auch Spaß.

Der größere Bruder will den kleinen ängstigen. »Pass auf, Mama kann abstürzen, wenn sie morgen übers Meer fliegt.« Der Kleine seelenruhig: «Macht nichts, Mama kann schwimmen.«

Das Geschlecht des Enkelkindes hatte für die von mir befragten Großeltern unterschiedliche Bedeutung. Im Allgemeinen hieß es im Vorfeld der Geburt meist: »Egal, was es ist, wenn es nur gesund zur Welt kommt«. Nach der Geburt konnte sich das ändern. Es kam vor, dass ein Enkelbub einem geliebten Großvater glich und deswegen einen ganz besonderen Platz bei seiner Großmutter einnahm. Eine andere Großmutter hingegen meinte: »Wenn ich wählen sollte, welches Enkelkind ich in den Urlaub mitnehme – ich käme in Verlegenheit, denn sie sind mir alle in ihrer Art lieb.«

Naturgemäß spielte es für Eltern von Söhnen und Töchtern keine so große Rolle. Für diejenigen, die bei ihren eigenen Kindern nur ein Geschlecht kennengelernt hatten, war es reizvoll bis fremdartig, ein kleines Kind der anderen Art zu erleben. Mädchenväter genießen oft das Zusammensein mit ihren Enkeljungen beim Werken, Sporttreiben, Fußballspielen. Bubenmütter freuen sich, die Enkelin mit reizenden Mädchenkleidern einzudecken und ihr Puppenspiel zu teilen. Hier der Kommentar einer Großmutter:

> Mein Enkel und meine Enkelin sind mir gleich lieb. Ich erlebe das Mädchen als anhänglicher. Ich genieße es ganz besonders, für die Kleine Kleidchen und Firlefanz zu kaufen. Da ich selber ausschließlich Söhne hatte, genieße ich das »Mädchenzeug« ganz besonders.

Ich selber war erstaunt, als ich mit meinem Enkelbuben an den Tagen, an denen ich ihn jeweils hütete, einen Bauernhof besuchte in der Erwartung, dass er sich für die Tiere, vor allem für die niedlichen Kälbchen und Ferkelchen am meisten interessieren würde. Er betrachtete zwar mit Begeisterung alles Lebendige, war aber ebenso sehr interessiert an der Scheune, wo alle technischen Geräte des Betriebes standen. Manchmal war ich überfragt, wenn ich ihm die Funktionen der Maschinen erklären sollte. Glücklicherweise gab es einen Experten dafür auf dem Hof, der dem Jungen geduldig Auskunft gab und sichtlich Freude hatte an seiner Begeisterung für technische Dinge.

Das Bewusstsein für das eigene Geschlecht kann übrigens sehr früh ausgeprägt sein. Ein Beispiel: Die zweijährige Enkelin wackelt auf die Frauengruppe der Großmutter zu mit den Worten: »Bin au e Frau.«

Unser eigenes Geschlechtsbewusstsein wirkt sich bestimmt auch auf unsere Enkel aus, und sie können unvermutet sogar an archaische Tiefen der Geschlechterverschiedenheit in uns selber rühren. Von einer Freundin habe ich einen Bericht zu diesem Thema erhalten. Ich möchte ihr an dieser Stelle für ihren freimütigen Beitrag danken. Sie übergab mir folgenden Text:

> Ich wollte mit meinem zweieinhalbjährigen Enkel zum Einkaufen fahren und setzte ihn auf sein Kindersesselchen im Wagen. Dort begann der Kleine munter herumzuspucken. »Hör bitte auf damit!«, sagte ich zu ihm und bückte mich, um ihn anzuschnallen. In diesem Moment spuckte er mir mitten ins Gesicht. Pardauz – hatte er seine Watsche weg! Wir waren beide sehr erschrocken darüber. Er schaute mich entgeistert an, und ich konnte nicht verstehen, warum mir die Hand blitzschnell und unkontrolliert ausgerutscht war. Als ich mich wieder gefasst hatte, sagte ich zu ihm: »Schau, das darfst du einfach nicht machen, mir ins Gesicht spucken. Wollen wir Frieden schließen?« Versöhnlich reichte er mir das Händchen, und wir fuhren los. Meine Vernunft sagte mir, es sei ganz gut, dass der Bub nachdrücklich erfahren hätte, dass meinen Anweisungen Folge zu leisten sei. Tiefer in mir drinnen

nagte aber der Zweifel: »Das hättest du ihm auch auf andere Art beibringen können! Warum warst du so impulsiv? Wie konnte dich der Übermut eines Zweijährigen so aus der Fassung bringen?« Erst am Abend kam ich dem Rätsel auf die Spur. Ein tief vergrabenes Erlebnis aus meiner Jugendzeit tauchte auf. Im Urlaub war ich einem Mann begegnet, der mir vor die Füße spuckte, als ich nichts mit ihm zu tun haben wollte. Ich fühlte mich damals unendlich gedemütigt – dasselbe Gefühl, das mich am Morgen überfallen hatte! Beschämt und zugleich erleichtert, den Zusammenhang gefunden zu haben, beschloss ich, in Zukunft sehr achtsam mit den Impulsen umzugehen, welche das Geschlecht meines Enkels bei mir auslösen konnte. Ich wollte doch den Jungen nicht entgelten lassen, was mir ein Mann viel früher angetan hatte.

Wie das Enkelkind zu seinem Namen kommt

Großeltern werden heute kaum mehr beigezogen, wenn es um die Wahl des Vornamens für die Enkel geht. Diese werden nicht mehr nach ihnen benannt, kaum noch nach den Eltern. Allenfalls im zweiten Vornamen erscheint eine Familientradition aus vorangegangenen Generationen. Die Kinder bekommen altbiblische, neubiblische, gängige deutsche, längst vergessene und wieder eingebürgerte Namen, die oft zusammen mit dem Familiennamen einen seltsamen Klangkörper bilden. Die Behörden sind duldsamer geworden. Vor 70 Jahren wurde die Kombination »Wolf-Dieter« abgelehnt; das Kind wurde als

»Wolfgang Dieter« eingetragen. Jetzt dürfen Namen wie »Himalaya« oder »Peppermint« in Betracht gezogen werden.

Für Eltern ist es heute selbstverständlich, dass sie die Namen ihrer Kinder unabhängig bestimmen. Sie wählen klangvolle, fremdartige oder trendige Namen aus, die das Kind einzigartig machen. Es wird Wert darauf gelegt, dass der Name nicht nur selten ist, sondern sich auch nicht dazu eignet, verhunzt zu werden. Davor ist jedoch kein Kind gefeit, weil Spielkameraden sehr erfinderisch sind mit Reimen und Anspielungen und sie auch grausam verwenden können. Ich erinnere mich, dass meine Tochter einmal weinend aus dem Kindergarten heimkam, weil ihr der Spottvers nachgerufen wurde: »D Schlumpf badet im Sumpf!« Ein anderes kleines Mädchen – es hieß mit Nachnamen Dreifuss – war untröstlich, weil es damit gehänselt wurde, es hätte offenbar drei Füße.

Namen werden wie Wellen in einem Gewässer hochgespült. Beliebte Schauspieler oder bekannte Sportler setzen die Wellen in Gang. Namen verabscheuter Menschen werden gelöscht. Manchmal kommen vergessene Namen wieder an die Oberfläche, wie z.B. Selina oder Sophie, Namen, die in meiner Kindheit mit altbackenen Tanten oder Dienstmädchen in Verbindung gebracht wurden. Katharina war vor 50 Jahren selten; heute gehört der Name zusammen mit den abgekürzten Formen Kathrin, Katia und Tina zu den gängigen.

Es gibt auch zu allen Zeiten gebräuchliche Namen. Viele kommen aus der Bibel, meist aus dem Hebräischen. Den Eltern ist wohl nicht immer bewusst, mit welcher Geschichte die ursprünglichen NamensträgerInnen verknüpft sind. Judith beispielsweise, die Holofernes den Kopf abschlug und als

Retterin ihres Volkes gefeiert wurde?[14] Salome, die nach ihrem Tanz vor Herodes auf den Rat ihrer Mutter das Haupt Johannes des Täufers als Lohn verlangte?[15] Schon eher Sarah, die Frau Abrahams, hebräisch »die Fürstin«, oder Elisabeth, die Mutter Marias, oder Anna, die Mutter Johannes des Täufers. Viele dieser Namen sind seit dem Mittelalter gebräuchlich, wobei Maria im 14. Jahrhundert noch nicht verbreitet war, aus Scheu vor der Heiligkeit der Mutter Gottes. Später trugen Königinnen und Kaiserinnen ihren Namen und den ihrer Mutter.

Auf der männlichen Seite sind es die Evangelisten Markus, Lukas und Matthias, die im Zusammenhang mit der Bibel stehen, ebenso wie Johannes als Evangelist und Lieblingsjünger Christi. Michael, hebräisch »Wer ist wie Gott?«, ist der Name eines Erzengels und zugleich der Schutzpatron Deutschlands. Auch Samuel, der David zum König salbte, und Tobias, hebräisch »Jahweh ist gütig«, den der Erzengel Raphael auf einer gefährlichen Reise begleitete und ihm half, seinen blinden Vater zu heilen, gehen auf das Alte Testament zurück. Thomas, aramäisch »Zwilling«, ist als ungläubiger Thomas in die Geschichte eingegangen, weil er an Christi Auferstehung zweifelte, bis er ihn berühren konnte.

Vielleicht würde die Wahl des Namens auch nicht anders ausfallen, wenn die Herkunftsgeschichte bekannt wäre. Und wer weiß, wie geschichtlich befrachtet Namen aus einem anderen Kulturkreis sind, die übersetzt »Wüstenblume« oder »sibirischer Prinz« bedeuten.

Wie die Großeltern zu ihren Namen kommen: Oma, Opa, Großmama oder Großvater?

Heute gibt es bei jungen Frauen eine Tendenz, zuerst die Karriere zu befestigen und mit dem Kinderkriegen zu warten bis über 30 oder sogar gegen 40. Andererseits sehen Großmütter oft jugendlich aus und entsprechen durchaus nicht dem Bild einer altbackenen Person mit grauem Haarknoten. Das hat zur Folge, dass auf den ersten Blick nicht klar ersichtlich ist, wer ein kleines Kind an der Hand hält: die Mutter oder die Großmutter? Spätestens wenn das Kind kräht: »Oma, darf ich ein Eis haben?«, ist die Sache klar. Die Großmutter ist identifiziert.

Manche Großmütter fühlen sich in ihrem Rang bestätigt durch die Anrede und sind stolz darauf, andere fühlen sich unbehaglich bei der Vorstellung, als Großmutter abgestempelt zu werden. Das hat sicher mit den noch reichlich vorhandenen negativen Vorstellungen über ältere Menschen einer jugendorientierten Gesellschaft zu tun; es kann aber auch auf unerfreuliche Erfahrungen mit den eigenen Großeltern zurückgehen. Zu diesem Thema erzählt eine Frau um die 60:

> Ich freute mich einerseits auf das Enkelkind, aber wenn ich mich in der Fantasie im Park sitzen sah, während es im Sandhaufen spielen und plötzlich laut rufen würde: »Oma, schau mal, welch schönen Gugelhupf ich gemacht habe!« , zuckte ich innerlich zusammen und sah mich um, wer die Etikettierung meiner Person als Oma mitbekommen hätte.

Krasser noch ist das Beispiel einer anderen werdenden Großmutter, deren Partner die Beziehung abbrach mit der Begründung, er könne sich nicht vorstellen, mit einer Oma ins Bett zu gehen. Ich bin auf Frauen gestoßen, die deswegen wünschten, von ihren Enkeln mit ihrem Vornamen angesprochen zu werden. Das Thema habe ich auch in einer Karikatur gefunden, in der eine furchterregende ältere Lady den vor ihr stehenden Kleinen anherrscht: »Ruf mich Nora – nicht Oma!«[16]

Laut der Studie von François Höpflinger und seinen Mitautorinnen[17] gibt die überwiegende Mehrheit der Enkelkinder den Großeltern traditionelle Namen, nur etwa ein Fünftel nennt sie beim Vornamen. Dies kann auch daher kommen, dass die Enkel hören, wie ihre Eltern die Großeltern beim Vornamen nennen. Eine an sich begeisterte Großmutter sagte mir, sie fühle sich wohler, wenn sie mit ihrem Vornamen angesprochen werde, weil dadurch die Rollenerwartung an sie als Großmutter gemildert würde. Als emanzipierte Frau war sie in Konflikt geraten mit dem Anspruch ihrer Kinder, jederzeit verfügbar zu sein für Großmutterdienste.

Bei Großvätern habe ich weniger Bedenken gegen die Bezeichnung gefunden. Ein älterer Mann machte aus der Anrede eine stehende Redewendung. Immer, wenn das Enkelkind »Großvater« rief, antwortete er: »Ja, Großkind?« Damit bestätigte er auf humorvolle Weise seinen Status und zugleich denjenigen seines Enkelkindes. Ein anderer Mann, der mit 50 Großvater wurde und noch voll in Berufsplänen und Projekten steckte, meinte allerdings abwehrend: »Man wird ja nicht gefragt, ob man Großvater werden will.« Er zog es vor, von seinen Enkelkindern bei seinem Vornamen gerufen zu werden.

»Großmama, schreib doch ein Kinderbuch!« – »Worüber denn?« – »Über einen Hund. Ich könnte dir ein Foto dazu geben.« – »Hast du denn ein Foto von einem Hund?« – »Ja. schau, hier drauf ist ein Hügel mit einem Busch. Und hinter dem Busch könnte jeden Moment ein Hund hervorkommen.«

Wer bestimmt, wie die Großeltern heißen sollen? Und was bestimmt die Wahl von Oma oder Opa, Großmama oder Großvater? (In der Schweiz gibt es noch die mundartliche Bezeichnung »Grosi« oder liebevoll »Gröseli«.)

Oft wählen die Eltern der Enkel den Namen für die Großeltern. Da kann es sein, dass in der väterlichen Familie Oma und Opa gebräuchlich ist, in der mütterlichen Nonno und Nonna. Diese ursprünglich italienischen Bezeichnungen werden häufig wegen des schönen Klanges gewählt, manchmal auch, weil es italienische Vorfahren oder solche aus dem Tessin gibt. Auf diese Weise wird klargemacht, zu welcher Sippe die jeweiligen Großelternpaare gehören. Ein Großvater, den seine Kinder Daddy nannten, wurde für die Enkel automatisch zum Groß-Daddy. Ein mehrsprachig aufwachsendes Kind gebrauchte für den Großvater das Wort »Dedo«, was in der Sprache seiner Mutter »Mann« bedeutete. Die Großmutter hieß erst in Abwandlung dieses Wortes »Deda« und später »Baba«, was an die russischen Märchen von der Baba Jaga, der »Großen Mutter« erinnert. Die Verkleinerungsformen Opi und Omi, in der Schweiz oft auch Großmuetti und Großvati, sind familiär gebräuchlich und deuten manchmal auf die Gegend hin, in welcher die Großeltern aufgewachsen sind. Einigen Großeltern wurde der Name von den Enkeln selber verliehen, entweder als kindgemäße Form der noch unaussprechlichen Wörter, als Silbenrepetition oder als freie Erfindung. Dahin gehören Mamama, Papapa, »Dudu«, abgeleitet von Judith, dem Vornamen der Großmutter, oder auch »Nani« von Marianne. Ein Großvater erhielt den Namen »Opa-Bumm« nach dem Geräusch eines unter ihm zusammenkrachenden Stuhles.

Enkel hängen an diesen Wortschöpfungen. Ein kleines Mädchen, welches einen hübschen Fantasienamen für seine Großmutter gebrauchte, wollte ihn partout nicht aufgeben, als ihre Mutter vorschlug, sie könne doch jetzt »richtig« sprechen und Oma sagen. Die Kleine gab aber nicht nach und behielt ihre Eigenkreation.

Für die Enkelkinder ist es wichtig, unterscheiden zu können, welche Position die Großeltern in der Familie einnehmen, ob sie zu Vaters oder zu Mutters Seite gehören, ob es »richtige« oder als neue PartnerInnen dazugekommene Großeltern sind. Zur Kennzeichnung wird etwa das Land verwendet, in dem die jeweiligen Familienmitglieder leben. So kommt zum Beispiel »Oma Spanien« zustande. Für Partnerinnen des Großvaters kann ihr Name angehängt werden: »Omi Annemarie«. Das sind Orientierungshilfen im Dschungel von Sippe und zusammengesetzter Familie, welche den Kindern helfen, klare Vorstellungen über die Verwandtschaftsverhältnisse zu entwickeln.

Großelternqualitäten

***

Was bedeuten Großeltern für ihre Enkel, wie helfen sie ihnen oder wie können sie ihnen auch schaden und was haben sie für Erinnerungen an die eigenen Großeltern?

***

Großeltern sind in vielen Fällen unentbehrlich, wie die Studie von François Höpflinger und seinen Mitarbeiterinnen[18] besagt. Nichts geht ohne Omas und Tagesstätten: 41 Prozent aller Familien mit Kindern im Vorschulalter lassen diese fremdbetreuen. Verwandte, Kindertagesstätten und Tagesmütter kümmern sich im Schnitt 19 Stunden pro Woche um die Kleinen.[19]

Die zuverlässige Betreuung ist ein wesentliches Angebot von Großeltern. Manche Großeltern können dieses Angebot erst nach ihrer Pensionierung machen, bieten dann aber beispielsweise einen festen Wochentag oder jährliche Ferienwochen an. Frei verfügbar waren die wenigsten der von mir interviewten Großeltern. Sie taten aber ihr Möglichstes, außer sie vertrugen nicht mehr so viel Betrieb und Aufregung, wofür jederzeit hereinschneiende Enkel sorgen. Die Tochter einer meiner Freundinnen meinte zur Frage der Betreuung, sie würde für die regelmäßige Fremdbetreuung gerne selber sorgen und im Gegenzug ihre Mutter lieber für Notfälle und spezielle Gelegenheiten in Anspruch nehmen. Beiden Seiten war so am besten gedient.

Neben den »Hüte-Kontakten« spielt die emotionale Beziehung eine wichtige Rolle. Der oben genannten Studie ist zu entnehmen, dass fast die Hälfte der befragten Enkel eine positive Beziehung zu ihren Großeltern hatte. Ungefähr ein Drittel hat einmal pro Woche Kontakt zu ihnen. Die persönlichen Begegnungen sind dabei naturgemäß am häufigsten, wenn die Großeltern nahe genug wohnen, und nehmen mit zunehmender Distanz der Wohnorte ab. Telefonische Kontakte sind ebenfalls recht häufig. Briefe oder Karten werden dagegen eher selten – zwei- bis dreimal pro Jahr – ausgetauscht. Elektronische Formen der Kommunikation gewinnen wahrscheinlich in Zukunft an Bedeutung, wenn darin versierte Menschen Großeltern werden. Die Möglichkeit, auf diesem Weg Kontakt mit den Enkeln zu behalten, könnte aber jetzt schon als Ansporn für ältere Menschen wirken, sich damit zu befassen.

Wie die eigene Lebenserfahrung eine Großmutter motivieren kann, ihre Enkel so oft wie nötig zu betreuen, zeigt folgender Text:[20]

> Nein, meinen Töchtern soll es nicht so gehen wie mir damals (die Verfasserin musste zu Hause bleiben, weil ihr Mann nicht dafür war, dass sie arbeiten ging).
>
> Sie sollen ihren Beruf ausüben. Sie lieben ihren Beruf. Ich habe lange genug auf Enkelkinder gewartet. … Ich mache es für meine Töchter. Und meine Töchter werden es für ihre Kinder machen.

Die Verfasserin (71), hütet ihre Enkel, wann immer Stresszeiten im Berufsleben ihrer beiden Töchter auftreten.

Enkel schätzen ihre Großeltern mehrheitlich positiv ein. Emotionale Nähe und angenehm erlebte persönliche Eigenschaften stehen dabei an erster Stelle. Liebevoll, tolerant, lustig, geduldig, humorvoll und großzügig kommen am meisten vor. Spezielle Kompetenzen und Aktivitäten folgen erst an zweiter Stelle. Noch seltener werden die Vermittlung von Kenntnissen oder Geschenke erwähnt. Kinder und Jugendliche beschreiben naturgemäß ihre Großeltern mit einfachen Adjektiven. In der Literatur und der Sprache der Großeltern selber erscheint ihre Bedeutungsqualität umfassender. Ausdrücke wie Wurzelgrund, absichernder Hintergrund, Familienschoß oder Kummerkasten, Nothafen, Seelen-Leer-Stelle deuten auf eine wichtige Funktion von Großeltern für ihre Enkel hin: ihnen Schutz und Sicherheit zu vermitteln.

Schutz und Sicherheit geben

Der Schutz besteht dem Alter entsprechend vorwiegend im körperlichen oder im seelischen Bereich. Dazu fallen mir zwei Begebenheiten mit meinem Enkel ein:

Der Junge ist vielleicht zwei Jahre alt. Wir spazieren eine kleine Straße hinauf. Es ist Nachmittag, die Sonne scheint, alles ist friedlich. Da wendet er sich mir mit allen Anzeichen von Angst zu. Ich hebe ihn auf und blicke mich um, kann aber keine Gefahr sehen, bis ich, seinem ausgestreckten Arm folgend, die Quelle für seine Angst entdecke: Es ist ein grell blinkender Sonnenfleck auf dem dunklen Lack eines geparkten Wagens. Es sieht tatsächlich aus, als ob blitzende Pfeile nach allen Seiten von ihm ausgingen. Ich trage meinen Enkel an dem Wagen vorbei und sage, was mir einfällt, um ihn zu beruhigen: »Böse Sonne mit ihren Strahlen! Aber sie darf dir nichts tun, nein, nein, sie muss dich in Ruhe lassen!«

Im zweiten Beispiel trat das »Welpenschutz-Muster«, das ich als Mutter gekannt hatte, automatisch wieder in Kraft. Die Begebenheit trug sich auf einem Spaziergang mit meinem knapp vierjährigen Enkel dem Zürich-See entlang zu:

Er sitzt vergnügt auf seinem Dreirad. Da kommt ein Junge gerannt und schmeißt eine Colabüchse ins Wasser. Mein Enkel, der schon einige Dinge über ökologisches Verhalten gehört hat, wendet sich an mich: »Das ist aber nicht gut, gelt, Großmama?« »Nein, und das kannst du ihm auch sagen!« Der Bub geht auf den Jungen zu und will ihn aufklären. Der greift ihn aber sofort an. Mein Enkel kämpft erst wacker, aber der andere ist älter und stärker. Mein Enkel hält die Hand hoch und gibt damit das Stoppzeichen, das im Kindergarten für das Beenden eines Streites gilt. In dem Moment schießt der Junge auf ihn los und wirft ihn rücklings zu Boden. Im Gesicht meines Enkels steht fassungsloses Entsetzen: »Großmama, er hält die Abmachung nicht ein!« Sein Vertrauen in eine durch gültige Übereinkünfte geregelte soziale Welt steht auf dem Spiel. Eben erst hat er gelernt, dass man sich mit Worten und Zeichen verständigen kann und dem Nachbarn nicht die Schaufel über den Kopf haut, wenn man gerne sein Kesselchen hätte. Jetzt fällt er wieder unter das Faustrecht. Was soll ich tun?

Wenn ich auf den Jungen losgehe, bleibt mein Enkel trotzdem in seinem Vertrauen geschwächt zurück. »Er muss sie einhalten«, sage ich. »Steh auf, ich stelle mich hinter dich.« Der Junge schießt von Neuem wie ein Bolzen auf meinen Enkel zu. Dieser macht das Stoppzeichen, und weil ich hinter ihm stehe, fliegt der kleine Rammbock mit der Kraft seines Angriffs rückwärts zu Boden. »Geh, Bub, radle weg!«, sage ich zu meinem Enkel. Seine Welt ist wieder in Ordnung, aber der kampfgierige Junge will ihn verfolgen. Da steigt die Tigerin in mir auf. »Wag's, ihn noch einmal anzugreifen«, fauche ich und funkle ihn drohend an. Das wirkt – mit einem unflätigen Wort trollt er sich. Mein Enkel findet bald darauf eine Eibe, die zum Klettern einlädt. Er steigt hinauf und weist mir einen Platz auf den unteren Ästen an: »Ich bin der Kapitän, und du bist der Steuermann.« »Aye-aye, Sir, gib mir den Kurs an!« In mir drin hoffe ich, dass wir immer einen guten Kurs miteinander einschlagen werden, auch wenn der Junge einmal sein eigener Steuermann sein wird.

Wie aufgehoben sich die Enkelin bei ihrer Großmutter fühlen kann, kommt in einem Text von Liv Ullmann zum Ausdruck:[21]

> Meine Großmutter sitzt in einem Lehnstuhl. Auf ihrem Schoß ein kleines Mädchen, ich. Sie singt. Sie spricht von ihrer Kindheit. Sie riecht so gut.
>
> Sie erzählt mir von einem Hund, den sie liebte und der starb, und dass sein Tod sie jetzt nicht mehr so schmerzt wie früher. Voll Bedauern sagt sie mir, dass die Zeit alle Wunden heilt, dass sie den Schmerz und die Sorgen tilgt.

Ich frage mich, warum sie das traurig macht.

Weiche Händchen streicheln zwei alte, knochige Hände. Und dann erinnert Großmama sich an einen besonderen Frühlingstag, als sie vierzehn war und in einem Park mit apfelgrünem Rasen herumlief. Margeriten blühten überall und dann noch eine prächtige gelbe Blume, deren Name sie vergessen hat. Eine Amsel, die sich im Gras versteckt hatte, flatterte lautlos vor ihr auf. Und sie hörte drollige Laute, eine Krähe, die zu singen versuchte – manchmal gelang es ihr sogar. Buntgefiederte Enten watschelten wie Betrunkene am Ufer eines Teichs. Und nahe einem ganz verlassenen Pfad begegnete sie einem Kaninchen, mit dem sie sich unterhielt. Ich sitze auf ihrem Schoß, geborgen und warm. Gehalten von Armen, die vom Alter gezeichnet sind, sehe ich den Zauber einer anderen Kindheit vor mir, die schon so lange zurückliegt, und die Empfindung treibt mir Tränen in die Augen. Ich frage mich, warum mich das traurig macht. Sie küsst mich und sagt, Tränen seien in den Augen verborgene Perlen. Die uns, wenn sie hervorkullern, auf wundersame Weise von allem erlösen, was so weit drinnen schmerzt, wo aller Kummer und alles Glück beieinander wohnen. Später, im Dämmerlicht des Abends, liege ich auf einer Matratze am Boden, die immer mein Bett ist, wenn ich bei Großmama bin. In meiner Zimmerecke ist es schon fast dunkel. Mein Blickfeld wird eingerahmt von zwei kleinen Holzstühlen, über deren Lehnen eine Decke hängt. Ich habe das Gefühl, ein kleines Haus ganz für mich allein zu haben. In diesem Frieden schlafe ich beinahe ein. Die geschwungenen Beine der Stühle bilden eine celloförmige Öffnung, und durch mein Cello kann ich den ganzen Raum perspektivisch sehen. Weit vorn beim Fenster, das jetzt rote Vorhänge verdecken, sehe ich, wie Großmama sich entkleidet, beim Licht einer Lampe, deren Fuß mit Streublümchen bemalt ist. Das Licht fällt auf sie und ihren goldenen Bettüberwurf. Sie zieht sich das Wollkleid über den Kopf, was ihr große Schmerzen bereitet, denn sie hat einen schlimmen Rücken und einen verkrümmten rechten Arm. Dann zieht sie ihr Unterkleid aus blassrosa Seide aus und ein Paar lange, farblose Unterhosen, und ihre schlecht sitzenden Strümpfe kommen zum Vorschein. Es dauert lang, bis sie das Korsett aufgehakt hat. Schließlich steht sie nackt im Lampenschimmer, und als sie den Bettüberwurf abnimmt, seufzt sie. Nicht ein einziges Mal schaut sie zu mir herüber, sie glaubt, ich schlafe schon fest. Durch mein magisches Cello kann ich sie sehen, während mein Herz vor Rührung laut klopft. Sie hört es nicht. Mühsam entflicht sie ihren Zopf, und ihr Haar sieht auf ihrem gebeugten, blassen Rücken so dünn und anders aus. Ein runzliger Körper wird von einem Nachthemd bedeckt – flüchtiger Anblick einer Frau, die ich nie zuvor gesehen habe. Noch ein fast unhörbarer Seufzer, länger als der erste, als sie sich ins Bett legt. Es kostet sie Mühe, sich umzudrehen, sie seufzt noch einmal. Und nie wird sie erfahren, wie sehr sie gerade in dem Augenblick geliebt wird, als sie ihre Hand nach der Lampe ausstreckt, um den ganzen Raum in Dunkelheit zu tauchen.

Für das Vertrauen, das ein Kind ins Leben aufbaut, das Gefühl der Zugehörigkeit und der emotionalen Geborgenheit sind natürlich in erster Linie die Eltern zuständig. Großeltern können aber eine wichtige unterstützende Funktion darin haben, besonders, wenn die Eltern in einer Krise stecken oder ein Elternteil ausfällt. Wenn Kinder häufig von liebevollen Großeltern betreut werden, erhalten sie bei ihnen einen zusätzlichen Hort von Zuhause- und Aufgehobensein.

Zeit haben

Eine weitere unschätzbare Gabe der Großeltern an die Enkel ist Zeit, wenn sie welche zur Verfügung haben. Meine eigene Großmutter war mit einem unerschöpflichen Vorrat davon gesegnet. Ich erinnere mich, dass sie mit mir an der Hand zur Pauluskirche in Zürich ging, die einen mächtigen viereckigen Klotz von Turm hat. Während des Elfuhrläutens stand ich versunken, mit zurückgebogenem Hals, auf dem Kirchplatz und blickte andächtig zu den Schalllöchern empor, aus denen das mächtige Getöne in meine Ohren klang. Wir warteten bis zum Auszittern des letzten Tones. Großmutter drängte kein bisschen zum Heimgehen. Sie hatte eben Zeit.

Der Text eines Großvaters im Ruhestand zeigt, wie beglückend das Zeithaben mit seinem Enkelkind für ihn selbst ist:[22]

> Zwei Dinge sind in meinem Leben zusammengefallen: Die Geburt meines Enkels und der Verkauf meiner Firma. Das hat mir rund 600 Kindertage beschert, die voll von Aktivitäten waren, die ich mit meinen eigenen Kindern viel zu selten erlebte: Schöppelen[23], Wickeln, Legosteine zusammensetzen, Tiere basteln mit Kastanien oder Pfeifenputzern, Plastilin formen, Hütten bauen; später Jassen, erste Fahrversuche auf dem Velo unterstützen, Ge-

wöhnung ans Gerät am Skiübungshang, Bälle schlagen mit dem Kurzgriffracket …

Doch der Reihe nach: Vor zehn Jahren erhielt ich ein fantastisches Angebot für die Immobilie, in der mein Unternehmen einquartiert war. Also beschloss ich, nicht nur das Haus, sondern auch gleich mein Geschäft zu verkaufen. Mit 62 fühlte ich mich allerdings noch viel zu jung, um mich ganz dem Seniorendasein hinzugeben. Die Geburt meines Enkels kam da goldrichtig. Da meine Tochter berufstätig ist und ihren Beruf leidenschaftlich ausübt, war sofort klar, dass sie für das Kind eine Fremdbetreuung suchen würde. Eine Vorstellung, die mir und meiner Frau nicht sonderlich sympathisch war. Und so waren wir froh, dass sie auf uns zukam und uns fragte, ob wir uns mit dem Gedanken einer regelmäßigen Betreuung anfreunden könnten. Wir einigten uns auf zwei Tage die Woche.

Mit der großen Freiheit ist damit für mich und meine Frau vorerst nichts geworden, denn die beiden versprochenen Babysitting-Tage waren für uns sakrosankt. Mir ist das nicht schwergefallen, denn ich habe den Kleinen sofort ins Herz geschlossen. Und bin mit ihm in Welten eingetaucht, die ich nur am Rande gekannt habe. Das Schönste daran war, dass ich frei von jeglichem Zeitdruck war. Anders als bei meinen eigenen Kindern empfand ich nichts, was ich mit meinem Enkel unternahm, als Zeitverlust. Die Zeit, die ich meinem Enkel gab, sah ich lediglich als Investition in die Zukunft. Wie für die eigenen Kinder will man ja auch für die Enkel immer nur das Beste.

Gewöhnlich sahen unsere Kindertage so aus: Kurz nach acht Uhr wurde der Kleine bei uns abgeliefert. Das erste Mal, als er vier Monate alt war. Das letzte Mal, als er sechs Lenze zählte und kurz vor der Einschulung stand. Meist war es unser Schwiegersohn, der den Buben brachte. Unsere Tochter holte ihn dann abends ab. Für ihr seelisches Gleichgewicht, so mein Eindruck, war das besser.

Am Vormittag ging ich mit meinem Enkel regelmäßig, und das bei jedem Wetter, zwei Stunden in den Wald, um meine Frau, die bei der Betreuung unseres Enkels trotz allem den Hauptteil getragen hat, ein wenig zu entlasten und ihr die Möglichkeit zu geben, das Mittagessen in Ruhe vorzubereiten. Wenn es regnete, stülpte ich die durchsichtige Haut über den Buggy und zog den Kleinen warm an. Um ihn bei Laune zu behalten, nahm ich ihm immer ein paar Totenbeinli mit, diese Nussstengeli von der Migros[24], die unsere Kinder schon so gern gegessen haben.

Bei den Frauen habe ich viel Bewunderung für meine Betreuungsarbeit geerntet. Unsere Nachbarin sagte einmal anerkennend: »Ich kenne keinen Großvater, der so viel für seinen Enkel tut.«

Ein guter Bekannter dagegen meinte: »Also das, was du für den Kleinen tust, das würde ich nie machen, nein, mit dem Wägeli … das käme bei mir nicht infrage.« Ich fand weder die Bewunderung der Frauen noch die Absage der Männer angebracht. Für mich war die Betreuung meines Enkels einfach normal.

Zeit, dieses kostbare Gut, besitzen Großeltern im Ruhestand naturgemäß mehr als jüngere, berufstätige. Wenn sie einen Teil davon mit den Enkeln verbringen, kann es für beide Seiten eine große Bereicherung sein.

Die kleine Anja geht in den Kindergarten, der nicht weit von zu Hause weg ist, und soll mittags sofort heimkommen. Eines Tages verspätet sie sich. Die Mutter geht sie suchen. Anja hat die Zeit vergessen beim Spielen mit kleinen Kätzchen. Die Mutter schimpft mit ihr, weil sie sich Sorgen gemacht hat. Die Antwort der Kleinen ist entwaffnend: »Mama, du hast einen großen Kopf. Da hat viel Platz drin. Meiner ist viel kleiner, da hat nicht so viel Platz. Deswegen habe ich nicht mehr daran gedacht, dass ich sofort nach Hause kommen sollte.«

Geschichten erzählen

Was habe ich mich als Kind auf die Besuche meiner Großmutter gefreut, weil ich dann am Morgen zu ihr ins Bett schlüpfen durfte! An ihren weichen Altfrauenkörper geschmiegt, hörte ich fasziniert ihren Geschichten zu. An den Inhalt der Geschichten erinnere ich mich nicht, dafür umso mehr an die wohlige Atmosphäre in dem warmen Bett.

Es gibt heute noch Märchen erzählende Großmütter und sogar welche, die für ihre Enkel selbst Märchen erfinden. Eines dieser Märchen hat mir eine Freundin überlassen. Im Original heißt es »Der Chegeleboum«[25]. Ich habe es ins Hochdeutsche übertragen und möchte es Ihnen nicht vorenthalten. Die Schweizer Fassung finden Sie im Anhang (S. 178).

Der Kastanienbaum

Ein Kastanienbaum hat gerne genug Raum um sich. Wenn er den nicht hat, kann er sogar krank werden. Eigentlich ist er aber auch nicht gerne allein, am liebsten steht er natürlich bei anderen Kastanienbäumen. Früher haben die Kastanien keine Stacheln gehabt. Um die Kastanien herum hatte es grüne Schalen wie bei den Baumnüssen. Wenn das Wetter sonnig war, wurden die Kastanien schnell wunderbar reif. Es gab aber eine Zeit, da regnete es viel. Wenn sie dann ins nasse Gras hinunterfielen, verfaulten sie manchmal, weil die Schale nass wurde – und die armen Kastanien gingen auch zugrunde, weil sie – anders als die Baumnüsse – nur in ihrem feinen Kleid am Boden lagen. Da waren die Kastanienkinder gar nicht zufrieden mit ihrem Baum. Sie dachten, er wäre schuld an ihrem Unglück. »Du willst schließlich auch einen guten sicheren Platz haben, sonst reklamierst du«, sagten sie. »Deswegen wollen wir auch einen sicheren Ort zum Reifwerden.« Der Baum hörte es. Er war aber recht hilflos. Er wusste nicht, was er tun sollte. Im nächsten Jahr gab es keine Kastanien, weil es zu kalt war, als die Bienen flogen. Und im übernächsten Jahr verfaulten wieder ganz viele Kastanien bei dem nassen Wetter.

»So kann es nicht weitergehen«, dachte der Baum, und er bat die Baumfee um Hilfe. Und die hatte sofort eine Idee. Sie gab der Kastanienschale die Kraft, sich Stacheln wachsen zu lassen. Deshalb sind die Kastanien von da an ganz weich ins Gras gefallen und kaum mehr nass geworden. Wie kleine Igel liegen sie dort, und niemand kann sie anfassen oder wegnehmen. Wenn es Zeit ist und sie ganz reif sind, gehen sie von selber auf, und es ist schön zu sehen, wie sie glänzen und sich in der Schale umarmen. Der Baum freute sich und die Kastanien alle auch. Sie dankten der Kastanienfee herzlich.

Seither wachsen auf der Kastanienschale viele spitzige Stacheln, damit die braun glänzenden Kastanienkinder gut wachsen und reifen können.

Abgesehen davon, dass Märchen die Fantasie beflügeln, bieten sie den Kindern Lösungsmöglichkeiten für Lebenskrisen und Konfliktsituationen an. Im vorliegenden Märchen werden Wachstums- und Reifungsschwierigkeiten durch das Vertrauen in gute magische Kräfte behoben.

Das Geschichtenerzählen kann auch eine andere Wirkung als die beabsichtigte haben. Dieselbe Großmutter, welche die Geschichte vom Kastanienbaum erfand, erzählte mir ein Beispiel mit einem unerwarteten Ausgang. Sie war eben von einer Wüstenreise zurückgekommen und stand noch ganz im Banne des einfachen Nomadenlebens mit Beduinenführern. Ihre Enkel sollten an ihren Eindrücken teilhaben, und so inszenierte sie eine Fahrt mit dem fliegenden Teppich nach Marokko. Sie und die Kinder verkleideten sich mit weiten Umhängen, weißen Kopftüchern und großen Sonnenbrillen. Alle setzten sich auf einen Teppich. Die Großmutter gab die Anweisung, sich aneinander festzuhalten, weil es heftig winden könne auf dem Flug. Um die Reise noch realistischer zu gestalten, öffnete sie das Fenster vor dem Abheben. Sie hatte aber nicht mit der Fantasie ihrer fünfjährigen Enkelin gerechnet. Das Kind war so in die Geschichte eingetaucht, dass es darauf bestand, zum Fenster hinauszufliegen. Die erschrockene Großmutter versuchte es zu beruhigen und auf dem imaginären Flugteppich zurückzuhalten. Die Kleine war aber so empört und enttäuscht, dass sie aufsprang und laut protestierend zur Mutter lief. Die betretene Großmutter beschloss, ihre Geschichten künftig etwas weniger realistisch zu gestalten.

Eine andere Großmutter erzählte mir, dass sie mit ihrem Enkelkind regelmäßig gemeinsame Ferien verbrachte. Am Abend eines ereignisreichen Tages kleidete sie das Erlebte in eine Geschichte ein, deren Held ein Hund war. Mit ihm konnte sich das Kind identifizieren und Fragen stellen, die es beschäftigten. Nach diesen klärenden Geschichten schlief die Kleine jeweils beruhigt ein.

Eine Brücke zur Vergangenheit bauen

Großeltern sind Brückenbauer zwischen der Vergangenheit und der Gegenwart. Sie wissen von Dingen, welche ihre Enkel nicht mehr kennen. Mein Enkel, der Snowboard fährt und für diesen Sport in mächtige Plastikschuhe steigt, staunt, wenn ich ihm von Haselnussstöcken und Lederriemchenbindungen beim Skifahren erzähle. Die Gemüsefrau, die unser Quartier mit Pferd und Wagen belieferte, sodass ich nach ihrem Besuch die Pferdeäpfel aufsammeln konnte für die Rosen im Garten; der Milchmann, der jeden Tag vorbeikam, um den bereitgestellten Kessel von Hand mit dem Litermaß zu füllen; der Krämer, welcher das Salz mit einer hölzernen Schaufel aus einer Schublade mit Glasdeckel hob; der Glaser mit dem Scheibenkasten auf dem Rücken und dem Ruf »Glaseee!«; der Scherenschleifer, der »Scheren, Messer schleifeeen!« singend durch die Straßen zog – sie alle sind verschwundene Gestalten, die mein Enkel nie gesehen hat.

Großeltern sind Chronisten, welche die Enkel mit dem Lebensstrom verbinden, der sich durch das Geröll der Geschichte windet. Wer anders könnte ihnen von ihren verstorbenen Großeltern erzählen oder von ihren Urgroßeltern und ihnen so das Gefühl geben, mit einer weit zurückreichenden Kette von Generationen verbunden zu sein?

Auch die Vermittlung von persönlichen Erfahrungen mit der kollektiven Geschichte vor ihrer Zeit gehört dahin. Meine Kindheit stand im Schatten des Zweiten Weltkrieges. Ich wuchs zwar in der Schweiz auf und blieb so vom Schrecken unmittelbarer Kriegsereignisse verschont. Nur einmal erlebte ich ein Bombardement, als amerikanische Flugzeuge aus Versehen ihre Last in der Nähe unseres Quartiers abwarfen. Außer einigen zerstörten Häusern gab es auch Tote. Obwohl das Ereignis nicht zu vergleichen ist mit den Erfahrungen der Menschen in kriegführenden Ländern, war die Atmosphäre ringsum doch von Katastrophenerwartungen und Angst erfüllt. Mein Vater weilte jahrelang im Militärdienst zur Bewachung der Grenzen. Die Sorge um ihn bedrückte meine Mutter ständig. Jahrzehntelang nach Kriegsende konnte ich keinen Probealarm von Sirenen hören, ohne zusammenzuschrecken und zu zittern. Es war mir ein Anliegen, meinem Enkel etwas weiterzugeben von meinen Erfahrungen und mitzuhelfen, ihn vor faschistischem Gedankengut zu bewahren. Selbstverständlich wollte ich ihn nicht mit dramatischen Geschichten überschwemmen, konnte aber nicht verhindern, dass ich zuweilen von meinen Erinnerungen übermannt wurde.

Dazu fällt mir eine Begebenheit ein. Ich ging mit meinem Enkel ins Kino, in einen Film, den er gerne sehen wollte. Es handelte sich um eine Geschichte von zwei Kindern in England. Wie sich herausstellte, wurden die Kinder während der Bombenangriffe auf London evakuiert. Der Vorspann versetzte mich deshalb unerwartet in Szenen einer Luftschlacht aus dem Zweiten Weltkrieg, dem Albtraum meiner Kindheit. Die Atmosphäre von Angst und Leid, die damals jahrelang über Europa lag, war augenblicklich in mir präsent. Ich saß also im Dunkeln, und die Tränen liefen mir übers Gesicht. Der Junge sollte nichts merken, ich wollte ihn nicht beunruhigen. Da stahl sich eine kleine Hand in meine und eine weiche Jungenstimme flüsterte mitfühlend: »Großmami …«. »Danke, mein Junge. Du weißt, es hat nichts mit dir zu tun. Es sind die Erinnerungen an den Krieg.«

Eine eindrückliche Schilderung früherer Zeiten findet sich bei Franz Hohler in einem Text über seinen Großvater[26]:

> Mein Großvater Julius Hohler war Webermeister und kam gegen Ende der Zwanzigerjahre nach Schönenwerd, wo er eine Stelle bei der Bally Bandfabrik gefunden hatte. Dort arbeitete er bis zu seiner Pensionierung, und ich war als Bub öfters bei den Großeltern in Schönenwerd in den Ferien. Mein Großvater fuhr mit einem Militärvelo zur Arbeit, und ich erinnere mich sehr gut an das Geräusch des Gartentörchens am Carl Franz Bally-Weg, das er um fünf nach zwölf aufstieß, an das Knirschen seiner Schritte und des Fahrrades, das er auf dem Kiesweg neben sich herstieß,

und wenn er in die Küche kam, musste das heiße Essen schon auf dem Tisch stehen, denn die Mittagszeit war knapp. Auch das Kaffeepulver samt Würfelzucker lag schon in den hohen Gläsern bereit, und wenn er mit dem Essen fertig war, ließ meine Großmutter, die etwas bequem war, das Kaffeewasser einfach aus dem Heißwasserhahn in die Gläser laufen.

Etwa um fünf vor halb eins gingen wir dann alle in die kleine Stube, der Großvater setzte sich auf das Sofa, nahm die Brille hervor und las das »Aargauer Tagblatt«, und wenn das berühmte Zeitzeichen auf Radio Beromünster ertönte, die kleine helvetische Informationsnationalhymne, legte er sich auf dem Sofa zurück und hörte sich liegend die Nachrichten der schweizerischen Depeschenagentur an, aber spätestens bei Sätzen wie »Der Bundesrat hat in seiner heutigen Sitzung« hörte ich ihn schon regelmäßig atmen, und wenn um zehn vor eins die Bally-Fabriksirene für ganz Schönenwerd den Arbeitsalarm durchgab, sagte meine Großmutter sanft, aber eindringlich zu ihm: »Vater, du muesch go schaffe«, und er erhob sich mit einem leisen Seufzer, setzte sich im Korridor seine Mütze auf, und etwas später hörte ich das Gartentörchen.

Er tat mir jedes Mal leid, wenn er wieder gehen musste, und als ich später mit dem Wort »Ausbeutung« Bekanntschaft machte, kam mir immer zuerst mein Großvater in den Sinn. Aber er hatte eine wichtige und große Fähigkeit, nämlich die, sich zu freuen, sich zu freuen über das Schöne im Leben, und er wirkte auch mit am Schönen, er sang als Tenor im Männerchor und im Kirchenchor, erst kürzlich habe ich Noten und Text des Beethoven-Liedes »Die Himmel rühmen des ewigen Ehre« gekauft, das er mir manchmal vorsang, er jasste gut und gern und war glücklich, wenn seine Söhne mit Enkeln und Enkelinnen zu Besuch kamen.

Ebenso eindrücklich ist Franz Hohlers Text über seine Großmutter[27]:

Meine Großmutter hat mir einmal gesagt, was sie als junges Mädchen vom Tod Christi gehalten hat. Was ist das schon, habe sie gedacht, ein paar Stunden am Kreuz zu hängen – ich muss jeden Tag in die Fabrik.

Ein Arbeitstag in der Fabrik dauerte damals, kurz nach der Jahrhundertwende, elf Stunden, von sechs bis zwölf am Morgen, und von eins bis sechs am Nachmittag. Am Samstag war eine Stunde früher Schluss, damit man sich auf den Sonntag vorbereiten konnte. Am Sonntag musste man in die Kirche, um vom Tod Christi zu hören. Meine Großmutter wohnte in Sisseln und musste ins Nachbardorf in die Kirche, nach Eiken, zu Fuß. Die jungen Leute, die in der Kirche fehlten, wurden von der Kanzel verlesen. Meine Großmutter ging fast immer hin, aber einer ihrer Brüder ging nie, und sein Name wurde jeden Sonntag ausgerufen. Der Vater der Großmutter, mein Urgroßvater, ging selbst nie zur Kirche, schickte aber seine Kinder hin, wie in die Fabrik.

Die Fabrik stand in Säckingen, auf der deutschen Seite des Rheins. Es war eine Weberei. Wenn ein Faden riss, musste die Maschine angehalten werden, damit man den Faden entweder knüpfen und neu einfädeln oder ganz ersetzen konnte. Die Zeit, in welcher die Maschine stillstand, wurde einem vom Lohn abgezogen. Meine Großmutter schrieb dem Fabrikdirektor einen Brief, in dem sie sich darüber beschwerte – sie seien nicht schuld, wenn er ihnen schlechten Faden gebe, der dauernd reiße. Sie wäre wegen dieses Briefes fast aus der Fabrik geflogen, was sie insgeheim hoffte. Ihr Verhalten, sagte der Direktor, gemahne ihn an dasjenige der Jungburschen in Zürich, und wenn sie nicht eine so gute Arbeiterin wäre, würde er sie sofort vor die Tür stellen. Von da an gab es aber besseren Faden. In der Fabrik lernte meine Großmutter auch meinen Großvater kennen. Er kam jeden Tag zu Fuß von Zuzgen, eineinhalb Stunden am Morgen, und ging am Abend wieder zurück, nochmals eineinhalb Stunden. Auf dem langen Weg, den er mit drei anderen gemeinsam machte, hätten sie oft Lieder gesungen, hat mir mein Großvater erzählt.

Er und meine Großmutter haben jung geheiratet, und von ihnen stamme ich ab.

Geschichten aus dem eigenen Leben der Großeltern und Streiche aus ihrer Jugendzeit sind für Enkelkinder meistens interessant. Mein Enkel wollte unermüdlich das Erlebnis mit der Handteller großen, schwarz behaarten Spinne hören, welche ich in Indien beim Ins-Bett-Gehen an der Holzdecke einer Baracke entdeckte. Bevor ich etwas unternehmen konnte, verschwand sie in einer breiten Ritze. Ich stellte mein Bett in die Mitte des Raumes, verstaute das Moskitonetz unter allen Matratzenkanten und betete, dass die Spinne blieb, wo sie war. Es muss ein wohlig-gruseliges Gefühl sein, solche Geschichten zu hören, wenn man in Sicherheit ist und weiß, dass nichts Schlimmes passiert ist.

Ich habe alle Tiere so gerne. Den Hund und die Katze könnte ich küssen, so gerne habe ich sie. Sogar meine Spinne im Glas würde ich küssen – wenn sie nur nicht so grusig (grauslich) wäre.

Zum Hochhalten und für die Weitergabe von Traditionen gehört das Festefeiern. Weihnachten im Hause der Großeltern habe ich persönlich zwar nie erlebt, aber einige der befragten Großeltern empfanden jeweils ihre Großeltern als Mittelpunkt und geistiges Zentrum der Familie. Eindrückliche, farbige Bilder des Christfestes in einer Großfamilie aus früherer Zeit finden sich auch im Film »Fanny und Alexander« von Ingmar Bergman.

Was Großeltern ihren Enkeln mitgeben möchten

Für alle von mir befragten Großeltern war diese Frage überaus wichtig. Ihre Gesichter leuchteten auf dabei oder wurden nachdenklich. Einige brauchten Zeit, um Antworten zu finden und sie zu formulieren. Andere sprudelten nur so heraus, was für sie bedeutungsvoll war im Hinblick auf das Leben ihrer Enkelkinder. Ein Großvater bezweifelte zwar, ob dieses »Mitgeben« im Sinne von »Beeinflussen« möglich wäre, aber auch er hatte Wünsche für seine Enkelinnen:

Schön wäre es, wenn sie neugierig und selbstständig bleiben, einen guten Freund kennen und lieben lernen und einen Beruf ausüben könnten, der sie befriedigt.

Aus dem Geschenkkorb der Großeltern, diesem Füllhorn an guten Gaben, lassen sich Gruppierungen um verschiedene Brennpunkte erkennen. Ein wichtiger Fokus betrifft die Gemeinschaftsfähigkeit, das mitmenschliche Umgehen mit anderen, ein zweiter die Eigenschaften, die uns befähigen, ein erfülltes Leben zu führen, und ein dritter Werte, die den Großeltern von ihren Familien vermittelt worden waren oder die sie selbst aus ihrer vielfältigen Lebenserfahrung gewonnen haben. Zu den Werten, welche die menschliche Gemeinschaft betreffen, zählen Rücksichtnahme, Fairness, das Einhalten von Regeln, Offenheit, Wärme, Interesse an Menschen, soziales Denken, Empathie. Eine Altersweisheit liegt in der Aussage:

> Meine Enkel sollen akzeptieren lernen, dass man nicht immer auf die Art glücklich werden kann, wie man es sich vorgestellt hat, und dass das Leben trotzdem in Ordnung ist, so wie es ist.

Ich stelle mir vor, dass die Enkel im Umgang mit dieser Großmama Gelassenheit und Ruhe im Beziehungsfeld erfahren. Als Lebenshilfe für die persönliche Entwicklung werden erwähnt: Selbstvertrauen, Selbstwertgefühl, Liebe zu sich selbst, Kreativität, Vertrauen in die eigene Kraft, Mut, ohne Angst durchs Leben gehen können, Humor, sich selbst und den eigenen Wahrnehmungen trauen dürfen, einen »Selbstkompass« aufbauen, Zufriedenheit erwerben mit dem, was die Seele nötig hat, anstatt begehrlich zu konsumieren, das Leben als lebenswert schätzen. Eine Großmutter formulierte ihre Botschaft sehr prägnant:

Verlier deine Autonomie nicht, bleib auf dem Boden, hör nicht auf, an Wunder zu glauben, bleib offen für Veränderungen, vernetze dich!

Als Werte im erweiterten Sinn gelten: kulturelle und traditionelle Werte wie Bücher, Sprache, Theater, ferner die Verbindung zu allem Lebendigen, Verantwortung für unsere Welt, Sorgfalt mit der Umgebung, Sinn für ökologische Zusammenhänge, Freude an der Schönheit in der Welt. Eine der Großmütter erzählte gerührt, wie ihr vierjähriger Enkel eine Rose mit den Händchen umfing und entzückt ausrief: »Wie schön, wie schön!« Ihm zu helfen, dieses Empfinden nicht zu verlieren, war ihr ein wichtiges Anliegen.

Ab und zu, aber weniger als ich erwartet hätte, tauchte auch das Thema Umgangsformen und höfliche Sprache zu Hause auf. Ich selber habe noch über meine Urgroßmutter gehört, dass sie ihren Kindern Erbsen unter die Ellenbogen der Kleidungsstücke einnähte, damit ihnen das Aufstützen bei Tisch verging, oder man kriegte eins mit dem Messerrücken, wenn man sich vergaß. Schwarze Pädagogik, ganz klar! In dieser Beziehung ist viel mehr Toleranz aufgekommen. Kinder dürfen heute auch bei Tisch sprechen und ihre Meinung äußern.

Mit dem Gebrauch von hässlichen Wörtern habe ich eine bemerkenswerte Erfahrung gemacht. In der Familie meines Enkels gilt die Regel, zu Hause keine Wörter zu gebrauchen, die mit Fäkalien zu tun haben. Eines Tages war ich zu Besuch, und es fiel mir etwas zu Boden, was ich mit einem kräftigen »Scheiße!« quittierte. Prompt reagierte der Junge: »Aber Großmama, so reden wir doch nicht zu Hause!« Recht hatte er. Ich gewöhnte mir vorsorglich an, »Scheibe« zu sagen, um ihm kein schlechtes Beispiel zu geben. Regeln gelten wirklich für alle Beteiligten.

Anstandsregeln en famille nicht einzuhalten, kann auch peinliche Folgen haben. Mein Enkel und ich hatten öfters Spaß wie die Lausbuben. Ich zeigte ihm, wie wir als Kinder Luft schluckten und um die Wette rülpsten. Wer es am lautesten konnte, war die Frage. Natürlich nur, wenn die Eltern nicht dabei waren. Der Junge hatte die Technik schnell begriffen. Ich konnte nicht ahnen, dass er seine neu erworbene Fertigkeit in Gesellschaft vorführen würde. Auf die Frage, wer ihm das beigebracht hätte, soll er treuherzig geantwortet haben: »Meine Großmama.«

Wie Großeltern ihren Enkeln ihre Werte vermitteln wollen, darüber haben sie verschiedene Meinungen, die vom Gewährenlassen bis zum aktiven Eingreifen reichten. Einer Großmutter lag es sehr am Herzen, dass ihre Enkelin beizeiten Toleranz gegenüber andersartigen oder benachteiligten Menschen kennenlernte. Als das Mädchen einen Blondinenwitz in der Familie zum Besten gab, reagierte die Großmutter mahnend: »Weißt du, eigentlich sollte man keinen Menschen wegen seiner Haarfarbe hänseln!« Einige Tage später erzählte die Enkelin einen neuen Witz:

Zwei Italienerinnen treffen sich. Die eine sagt zur anderen: »Na, hast du die Fahrprüfung bestanden?« »Nein, leider nicht. Ich bin durchgefallen.« »Ja, warum denn? Was ist dir passiert?« »Ja, weißt du, ich kam so an ein rundes Ding, einen Kreisel. Da stand eine Tafel mit der Zahl dreißig. Da bin ich dreißigmal rundum gefahren.« »Um Gottes willen – und dabei hast du dich verzählt, nicht wahr?«

Die Großmutter roch den Braten und sagte: »Das klingt aber sehr nach einem Blondinenwitz.« »Ja, Großmama, aber du hast doch gesagt, dass man sich über sie nicht lustig machen dürfe, da habe ich eben zwei Italienerinnen genommen.« Woraus wir lernen, dass Toleranz mit Minderheiten, anderen Nationalitäten, Sprachen oder Religionen Zeit braucht, um zu wachsen. Aber den Boden vorbereiten und Samen streuen – das können Großeltern alleweil.

Viele Großeltern vermitteln ihren Enkeln ganz bewusst Werte durch Lernen am Modell. Sie verhalten sich gemäß den Zielsetzungen, die sie vertreten. Ein Großvater formulierte es so:

Ich bin mit ihnen so, wie mein eigener Großvater mit mir war: großzügig, ohne zu nörgeln, biete ich ihnen etwas an.

Andere Aussagen zum selben Thema lauten:

Durch mich können sie sehen, dass man auch anders leben und sich anders verhalten kann, als sie es von ihrem Elternhaus und der Schule her kennen.

Ich zeige ihnen durch die Art, wie ich lebe, dass das ohne große Ansprüche möglich ist. Liebevolle Dinge findet man auch im bescheidenen Leben.

Großväter neigen eher dazu, den Enkeln mittels Unternehmungen gewisse Werte nahezubringen, wie z.B. Naturverbundenheit auf Wanderungen mit Rucksack und Schlafmatte oder körperliche Gesundheit durch sportliche Betätigung. Von Großmüttern kommen Aussagen wie:

> Ich möchte im Zusammensein mit ihnen sehen, wie sie es machen, nicht ihnen zeigen, wie sie es machen sollen. Mit meiner Anwesenheit will ich das Wunder, das sie sind, bestätigen.

Die größte Gabe dieser Großmutter an ihre Enkel ist demnach das Zeugin-Sein ihres Wachstumsprozesses, den sie dadurch begünstigt. Eine ähnliche Rolle wie diejenige der Doula, der Zeugin bei einer Geburt, die durch ihre Präsenz das Geschehen günstig beeinflusst. Eine andere Großmutter bietet einen »reinen Beziehungsraum« an, wo sie voll und ganz für die Enkel da ist. Allerdings braucht sie nachher Zeit für sich alleine, weil sie von der selbst gestellten Aufgabe erschöpft ist. Eine Dritte findet: »Es ist schön, einfach da zu sein mit ihnen, ohne den Druck, erziehen zu müssen.« Gegenseitig am Leben teilhaben, miteinander kochen, basteln, spielen, Spaß haben werden ebenfalls erwähnt als Teil dessen, was den Enkeln an Lebens-Werten mitgegeben wird.

Großeltern sind nicht blind für die Fehler ihrer Enkel. Sie versuchen, sie auch da zu unterstützen, wo eine schwierige Charaktereigenschaft auftaucht. Ein Großelternpaar machte das sehr geschickt mit einer Enkelin, die sehr empfindlich auf Kritik reagierte. Die Oma meinte: »Ich lobe sie immer auch, wenn ich etwas an ihr auszusetzen habe, und ich versuche ihr zu zeigen, dass ich sie mag, auch wenn ich gerade wütend auf sie bin.« Der Opa ging zu dem Kind, als es wegen eines Tadels vom Tisch weggelaufen war, und baute ihm eine Brücke, um zurückzukommen und mit dem bitteren Bissen fertig zu werden, ohne den Kontakt zur Familie zu verlieren.

Die Grundbotschaft in den Aussagen zum Thema »Was will ich den Enkeln mitgeben?« war durchgehend die:

Ich will mithelfen, dass sie zu rechten Menschen heranwachsen können, sei es durch die Art, wie ich selber lebe, sei es durch die Zuverlässigkeit meines Vorhandenseins, sei es durch Gespräche zu Fragen, die sie beschäftigen.

Alle Großeltern nahmen auf ihre Art und im Rahmen ihrer Möglichkeiten Anteil am Gedeihen der Enkelgeneration und waren bereit, Verantwortung zu tragen für das Wohl der Sippe.

Das Erbe der Großeltern liegt aber nicht nur auf der ideellen Ebene. Es kann durchaus in materiellen Werten bestehen und sich auch in Gegenständen manifestieren, denen eine besondere Bedeutung zukommt. Dazu nochmals ein Text von Franz Hohler[28], der dies veranschaulicht.

Der Vater meiner Mutter

Er hatte als Kind seine Eltern verloren und erlebte eine geradezu Gotthelf'sche Jugendzeit als schlecht behandelter Verdingbub, hatte es aber geschafft, das Technikum zu absolvieren, um danach den Beruf eines Fernmeldetechnikers auszuüben. Er heiratete eine Frau, die ebenfalls als Waisenkind aufgewachsen war, es kamen vier Kinder zur Welt, und als sich das nun alles wohl angelassen hatte, hat sich mein Großvater offenbar eines heimlichen Credos erinnert. Dieses Credo, das er sich durch die harten Zeiten seines Lebens hindurch bewahrte, muss so etwas wie der Glaube an das Schöne gewesen sein, denn mein Großvater beschloss mit 41 Jahren, Cello spielen zu lernen.

Wie tat er das? Borgte er sich ein Cello? Ging er zu einem Cellolehrer? Nein, er ging zu einem Geigenbauer und bestellte sich bei ihm ein Cello. Erst, als er das Instrument hatte – und es konnte nicht billig gewesen sein, denn Herr Meinel aus Liestal hatte einen guten Namen – suchte er einen Cellolehrer auf. Der sagte ihm aber nach der zweiten oder dritten Stunde, es habe keinen Zweck, denn seine Finger seien zu klein für die Griffe, die das Cello verlange.

An dieser Stelle seiner Erzählung pflegte mir mein Großvater seine linke Hand hinzuhalten und den kleinen Finger etwas abzuspreizen, was ihm eben kaum gelang. Und so stellte er das Instrument zur Seite und ging in einen Mandolinenclub, dort war es bestimmt auch lustiger als in der Cellostunde, und die Griffe waren weniger groß. Das Cello aber musste er noch jahrelang abzahlen, erst vor kurzem habe ich in einer Familienschublade das Bündelchen Quittungen mit den monatlichen Ratenzahlungen gefunden. Seinen Töchtern ließ er Privatunterricht in Geige und Klavier geben – meine Mutter war ein Leben lang eine gute Geigerin – aber sein Sohn interessierte sich nicht für das Cello.

Und schon kam die nächste Generation.

Mein älterer Bruder lernte auch Geige, und als mich meine Eltern fragten, welches Instrument ich lernen wolle, wir hätten ein Klavier und ein Cello im Haus, sagte ich als 10-Jähriger ohne zu zögern: Cello. Ich begann auf einem Dreiviertel-Instrument, aber schon bald waren meine Hände samt meinem kleinen Finger groß genug, dass ich auf das Cello meines Großvaters wechseln konnte, und auf diesem Cello spiele ich noch heute, und wenn ich meine Chansons singe, begleite ich mich darauf.

Ohne den hartnäckigen Glauben meines Großvaters an das Schöne hätte sein Instrument in unserer Familie nicht auf mich gewartet, und vielleicht konnte erst ich sein Credo verwirklichen, zwei Generationen später, auch ich hartnäckig genug, um an meinem Credo festzuhalten: Das, was du gut findest, musst du tun!

Das Vermächtnis des Großvaters war ein doppeltes: Es lag in dem Instrument und in der Botschaft, das Schöne im Leben hochzuhalten. Dass der Enkel die Botschaft aufnahm und den Traum des Großvaters vom Cellospielen verwirklichte, ist ein Beispiel dafür, wie ein Erbe von weiteren Generationen aufgenommen und in das eigene Leben integriert werden kann.

Dazu ein weiteres Beispiel, wie Botschaften der Großeltern über Sinn und Ziel des Lebens an die Enkel diese nähren und leiten können. Der poetische Text stammt von Liv Ullmann.[29]

Schau, wie der Fluss stolz seinem eigenen Lauf folgt. Der Fluss meiner Kindheit taumelt dahin auf seinem Weg zum Meer. Schau, wie das Wasser zuerst seiner Quelle entfließt und nach dem Entschwinden erneut wiederkehrt im Regen. Meine Großmutter erzählt mir, dass alles ständig im Fluss ist. Ein Ding folgt dem anderen, alles ist unterwegs. Ich bin Teil dieses ewigen

Kreislaufs – gleiche dem Erdreich, das stetig von den Bergen gespült wird. Um mit den Wassern zugleich unterirdisch weiterzuströmen. »Schau die Blumen am Ufer«, sagt die alte Frau zu mir, »sieh, wie begierig sie trinken, die Wurzeln vom Wasser umspült.« Der Fluss meiner Kindheit auf seinem Weg zum Ozean. »Er ist gesegnet«, sagt meine Großmutter. Und im Licht der Sonne fließt der Strom dem Himmel entgegen. »Vor Sonnenaufgang kehrt er als Tau zurück, um die Pflanzen zu krönen. Schau doch, wie alles, von dem wir ein Teil sind, in Bewegung ist – der Fluss und die Bäume und die Blumen und das Moos und sogar ich selbst – wir alle sind gesegnet. Schau, wie der Fluss seinem Weg folgt«, flüstert sie. »Ihn aufzuhalten hieße das Leben aufhalten.«

Was Enkel ihren Großeltern geben, ist mittlerweile schon deutlich zum Ausdruck gekommen. Sie bereichern das Leben durch ihr Dasein und wirken sinnstiftend als weitere Träger der Generationenkette. Manchmal haben Enkel auch eine erhöhte Bedeutung für Großeltern, wenn sie in einem bestimmten Moment in deren Leben treten. So beschrieb eine Großmutter, wie hilfreich für sie die Geburt ihrer Enkelin war, als sie selber sich in einer schweren Lebenskrise befand.

Ein Großvater fand nach dem Tod seiner Ehefrau sehr viel Trost im Zusammensein mit den Enkelkindern.

Die über hundert Jahre alte Frau, welche ihren Mann und ihren Sohn verloren hatte, konnte in ihrer letzten Lebensphase durch die Existenz der Enkel trotz der schweren Schicksalsschläge ein Lebensgefühl von Sinn und Erfüllung aufrechterhalten. So betrachtet sind Enkel die Früchte des Lebens.

Unbekömmliche Großeltern

Wie unter den Pflanzen gibt es Großeltern, die heilend wirken, und solche, die einen ätzenden Einfluss ausüben. Wie heilend im buchstäblichen Sinn eine Großmutter mit ihrer Enkelin umging, zeigt die kleine Geschichte, die eine Bekannte mir erzählte:

> Meine Großmutter wohnte im selben Dorf wie unsere Familie, fünf Häuser weiter weg an derselben Straße. Wenn ich hingefallen war und eine Schramme davongetragen hatte, lief ich schnurstracks zu Großmutter. Sie war immer da, legte ihr Strickzeug zur Seite und sagte: »Du Armes, komm setz dich!« Dann kramte sie umständlich ihren Verbandskasten hervor und betupfte die Wunde mit Jodtinktur. Die Stelle färbte sich dunkelrostfarben, und es brannte. Aber wenn Großmutter sachte darüberblies und »Heile heile Säge, drü Tag Räge, drü Tag Schnee, tuet em Chindli nüt meh weh«[30] murmelte, war alles wieder gut und ich rannte davon – bis zum nächsten Mal. Es wäre mir nicht eingefallen, zur Mutter zu gehen mit meinem Wehweh. Sie hätte nur gesagt: »Sei tapfer. Das geht vorbei!« Mit einem rasch darauf geklebten Pflaster wäre die Sache erledigt gewesen. Da war's bei Großmutter schon besser.

Negative Aussagen von heutigen Kindern über ihre Großeltern kommen laut Höpflinger, Hummel und Hugentobler[31] eher selten vor. Angeführt wurde bei der Hälfte der Großeltern dagegen eine zu starke Einmischung ins Leben der Enkel; ferner wurden sie manchmal als ungeduldig, geizig und altmodisch bezeichnet. Großmütter werden häufiger als liebevoll eingeschätzt, Großväter häufiger als streng und ungeduldig. Eine große Mehrheit der Enkel stuft den Großvater trotzdem als liebevoll ein. Großeltern, die in derselben Wohnung leben oder weit weg im Ausland, werden öfters als ungeduldig empfunden. Zu große Nähe kann irritieren, zu großer Abstand schafft nicht genug Vertrautheit.

Beschreibungen von weniger heilsamen Großeltern habe ich dagegen von Erwachsenen gehört. Da ist die Rede von lieblosen, hartherzigen Großmüttern und strengen, unnahbaren Großvätern. Eine milde Form kommt in der folgenden Aussage zum Ausdruck:

> An meine Großmutter väterlicherseits erinnere ich mich nicht. Sie muss ein rechter Besen gewesen sein. Wenn man vorne in den Garten hineinkam, in dem ihr Häuschen lag, rief sie bereits: »Füße abtreten!« Ich soll ihr einmal Dreck durch das offene Wohnzimmerfenster geworfen haben.

Besonders eindrücklich fand ich jedoch folgende Geschichte:

> Meine Großmutter saß immer in der Küche wie eine dunkle Gewitterwolke. Sie war sehr schwer und bewegte sich kaum noch, aber sie schimpfte fortwährend. Wir konnten ihr nichts recht machen. So oft wie möglich flohen wir nach draußen, wohin sie uns nicht folgen konnte. Dafür verklagte sie uns abends bei der Mutter, die tagsüber arbeitete, sagte ihr, wir wären böse, unfolgsame Kinder und würden unsere Arbeit nicht machen. Meine Großmutter war der Albtraum meiner Jugend.

Bedenkt man, dass die alte Frau im Krieg Witwe geworden war und ihr ganzes Hab und Gut verloren hatte, begreift man etwas von ihrer Verbitterung, die sie einzig an ihren Enkeln auslassen konnte.

Ein anderes Beispiel: Die Großmutter einer älteren Frau wurde von ihr als so böse erlebt, dass sie froh war, sie auf dem Totenbett liegen zu sehen. Das Kind holte seine Freundinnen, um ihnen die tote Großmutter zu zeigen, mit der Bemerkung: »Jetzt kann sie mir nichts mehr antun.«

Die schlimmen Erinnerungen wurden mir so lebhaft erzählt, dass ich annehmen muss, sie wurden durchaus so erlebt von den Kindern. Was mir auffiel, ist, dass der Schutz der Eltern vor den »bösen« Großmüttern fehlte. Im einen Fall war der Vater in Kriegsgefangenschaft, im anderen krank, sodass die Mutter arbeiten oder den kranken Vater pflegen musste. Waren die »bösen« Großmütter wohl überfordert mit der Betreuung der Enkel, die sie notwendigerweise übernehmen mussten?

Selbst wenn wir keine »bösen« Großeltern sind, ist es vielleicht ganz nützlich, uns ab und zu mal zu fragen, ob wirklich alles, was wir in bester Absicht tun, für unsere Enkel so hilfreich ist, wie wir uns das vorstellen.

In dem Buch »Kinder lieben Großeltern« von Helga Gürtler[32] habe ich eine Aufzählung von Verhaltensweisen gefunden, die für die Enkel-Familie recht unbekömmlich sind. Einige davon möchte ich zitieren:

› Die *Kümmer-Oma* glaubt, dass alles gegen den Baum läuft, wenn sie die Dinge nicht selbst in die Hand nimmt. Sie traut den jungen Eltern nicht zu, einen geordneten Haushalt zu führen, und meint, dass sie sowieso alles verkehrt machen. Sie besorgt Reiseprospekte für Bayern, wenn Eltern und Kinder lieber an die Ostsee wollen, und räumt die Möbel um, wenn die jungen Leute sie in der Wohnung allein lassen.

› Die *Fütter-Oma*. Ihr wichtigstes Anliegen ist es, die Kinder und Enkelkinder mit ausreichender Nahrung und allerlei Leckerbissen zu versorgen. Sie legt polnische Gurken ein, backt Plätzchen, kocht Apfelmus und macht Klöße zum Einfrieren. Wenn man sie besucht, fragt sie nicht erst: »Seid ihr schon mit dem Tapezieren fertig?« oder: »Hast du den Schlüssel wiedergefunden?«, sondern: »Hast du schon was gegessen?« Und nichts, nicht einmal völlige Appetitlosigkeit, kann sie davon abhalten, erst einmal aufzutischen.
› Die *neugierige Oma* will alles genau wissen, um sich alles erklären und die richtigen Zusammenhänge herstellen zu können. Sie fragt Kindern und Enkeln Löcher in den Bauch und gibt erst Ruhe, wenn man ihr noch das letzte Geheimnis anvertraut hat. Für sich behalten kann sie es nicht immer.
› Der *Mecker-Opa* hält die heutige Jugend für zu wild und überhaupt für schlecht erzogen. Er braucht seine Ruhe, darf vor allem nicht beim Zeitunglesen oder beim Fernsehen gestört werden. Er sagt wenig, kann aber unvermittelt furchtbar in die Luft gehen, wenn man z.B. über seine Blumenrabatten rennt oder seine Tabakpfeife für den Schneemann benutzt. Zu diesem Opa bleiben die Enkelkinder lieber auf Distanz.

- Der *Besserwisser-Opa* liegt ständig im Streit mit seinem Sohn/Schwiegersohn über unnötige Geldausgaben, richtiges Verhalten im Büro oder falsch abgeschlossene Verträge. Er weiß nicht nur alles, er weiß es vor allem besser. Nach Gesprächen mit ihm sind die Eltern gereizt und fauchen wegen jeder Kleinigkeit die Kinder an.
- Der *Finanzierungs-Opa* lebt selbst sehr sparsam und hält seine Kinder für verantwortungslose Verschwender. Er genießt es aber, wenn sie ihn um Geld bitten müssen, das er ihnen dann doch unter vielen Vorhaltungen über schlechtes Wirtschaften immer wieder zuschießt. Und das, obwohl er jedes Mal den Eindruck erweckt, dass ihn dieses Ansinnen endgültig an den Bettelstab bringt.

Diese Beschreibung von Großelterntypen hat natürlich etwas Karikierendes und erfasst nicht den ganzen Menschen. Dennoch würden wahrscheinlich einige Enkelfamilien sie als zutreffend empfinden. Es liegt an den Großeltern, zu überprüfen, ob sie die Fürsorge z.B. der Fütter-Oma oder die Unterstützungsbereitschaft des Finanzierungs-Opas einbringen können, ohne den unangenehmen Aspekt des Überfahrens oder des Betonens der Abhängigkeit beizubehalten.

Weiter habe ich mich gefragt, ob wir vielleicht alle als Großeltern mindestens ein Quäntchen Giftkraut in uns tragen, etwas, was den Enkeln nicht guttut, so wie wir alle als Eltern unsern Kindern nicht nur Gutes tun, sondern ihnen auch zuweilen schaden. Es muss ja nicht so schlimm sein, wie jener berühmte Professor meinte, der seine Examenskandidaten in der Prüfung für Kinderheilkunde zu fragen pflegte: »Was ist für das Kind am schädlichsten?« Und sie hatten, wollten sie es zu einer ansehnlichen Note bringen, zu antworten: »Der Zucker und die Großmutter, Herr Professor.«[33]

Behinderte und verhinderte Großeltern

Bislang war hauptsächlich von gesunden Großeltern ohne Einschränkung der Bewegungsfähigkeit die Rede. Natürlich gibt es auch hilfs- oder sogar pflegebedürftige Groß- und Urgroßeltern, deren Immobilität oder Krankheit die Enkel mitbekommen. Sie selber sind aber weniger als Hauptpflegepersonen betroffen; diese Aufgabe bleibt ihren Eltern vorbehalten. Nur fünf Prozent der Enkelkinder sind an der pflegerischen Betreuung von Großeltern mitbeteiligt, wie die bereits mehrfach zitierte Studie von François Höpflinger und seinen Mitautorinnen ergab.[34]

Was die Enkel belastet, ist eher die Anspannung und die Sorge ihrer Eltern um die Gesundheit der Großeltern, allenfalls die Abwesenheit der Mutter, die sich um Haushalt und Pflege der eigenen Eltern und manchmal gleichzeitig der Schwiegereltern kümmern muss.

Der körperliche und geistige Verfall der geliebten Großeltern kann Enkel tief beeindrucken, manchmal sogar erschrecken und abstoßen. Eine erwachsene Frau gestand mir – heute noch mit leichter Beschämung –, dass ihr Großvater mit zunehmendem Alter distanzlos wurde und sein Gebiss während des Essens auf den Tisch legte, wenn es ihn drückte. »Er war immer ein so feiner Herr mit Haltung gewesen – ich konnte nicht verstehen, dass er sich so gehen ließ, und ich habe mich vor den Zähnen auf dem Tisch gegraust!« Solche Empfindungen können Enkel aus Taktgefühl für sich behalten. Es wäre daher wichtig, dass jemand von den Erwachsenen – vielleicht nicht gerade die am meisten betroffene Mutter – mit ihnen darüber spricht, wie es ihnen geht mit den so stark veränderten Großeltern.

In einem Gespräch mit einer Bekannten stieß ich auf eine weitere Kategorie von Großeltern, die ich bis jetzt nicht berücksichtigt habe. Es sind dies die »verhinderten« Großeltern, d.h. solche, die nicht Großeltern sein dürfen oder nicht wissen können, dass sie Großeltern sind. Meine Bekannte erzählte mir von einem Artikel, der davon handelte, dass Frauen, die sich ein Baby ohne Partner wünschen, Männer dazu bringen, mit ihnen ein Kind zu zeugen und sie danach im Ungewissen lassen über die Schwangerschaft oder sie zu Alimenten verpflichten wollen. Der Artikel beschrieb die Gründung einer Männervereinigung gegen solchen Missbrauch.

In unserem Gespräch über das Thema tauchten sofort ein paar Fragen auf. Beispielsweise: Warum schützen sich Männer nicht genügend? Meine Bekannte meinte, dass Männer sich auf die Aussagen von Frauen, sie würden verhüten, verlassen. Oder: Warum täuschen Frauen ihre Sexualpartner über ihre Absichten? Und wie kommen sie dazu, sich finanziell entschädigen zu lassen für etwas, dem diese Partner nie zugestimmt haben? Und die wichtigste Frage während unseres Gesprächs lautete: Was heißt es für das Kind, einen »Spermapapa« zu haben, den es vielleicht nie kennenlernt und der unter Umständen nichts von seiner Existenz weiß oder ihm gar nie begegnen möchte? Und was, wenn es Halbgeschwister hat, in die es sich unwissentlich verlieben könnte?

Es ist klar, dass die Handlung, sich ein Kind zu erschleichen, auch wenn der Wunsch noch so mächtig ist, eine Reihe von verwirrenden Folgen nach sich zieht und Unklarheiten schafft, die für die Beteiligten belastend sein können. Natürlich gehört es zum Schicksal eines jeden Kindes, mit den Umständen seiner Zeugung zu leben. Diese können sehr gemildert werden durch klare Aussagen wie: »Du hast einen Papa, der dich gezeugt hat, und einen, der für dich da ist und für dich sorgt!« Das Wissen um einen leiblichen und einen sozialen Vater ist einem Kind zuzumuten, besonders, wenn es in seiner sozialen Familie gut aufgehoben ist.

Das kann der Fall sein bei einem Paar, bei dem der Mann unfruchtbar ist und seiner Frau zubilligt, ein Kind von einem anderen zu empfangen. Ob der Erzeuger von der Schwangerschaft erfährt, muss das Paar untereinander ausmachen, ebenso, ob dem Kind mitgeteilt wird, wer sein leiblicher Vater ist. Als akzeptabler Ausweg aus dem emotionalen Dilemma bot sich früher die Möglichkeit eines anonymen Samenspenders an. Eine heikle Sache, denn in meinen Augen hat ein Kind ein Recht zu erfahren, wer sein leiblicher Vater ist. Auf diese Art entstandene »geheime« Großeltern können zwar nicht direkt in Kontakt treten mit den ihnen verschwiegenen Enkeln. Vielleicht wirkt sich ihre energetische Präsenz aber doch auf das Leben der Enkelkinder aus.

Wenn sich Erwachsene an ihre Großeltern erinnern

Bei der Frage nach Erinnerungen an die eigenen Großeltern purzelten mir die Geschichten und Anekdoten nur so entgegen. Die meisten waren liebevoll gefärbt, einige gemischt, d.h., die Großeltern hatten sowohl gütige wie strenge Züge. Ein paar wenige machten die Betroffenen im Rückblick noch schaudern. Ich habe sie in dem vorangegangenen Kapitel unter »unbekömmliche Großeltern« aufgeführt.

Leider konnte ich nur einige der Begebenheiten aufnehmen, und die Auswahl fiel mir schwer. Ich gebe zuerst ein paar Erinnerungen wieder, die zeigen, wie eindrücklich die Bilder und Stimmungen im Zusammensein mit den Großeltern sich den Enkeln eingeprägt haben.

Im Hause meiner Großeltern roch es gut nach gedörrten Birnen, die auf dem Dachboden aufbewahrt wurden. Mein Großvater benützte Schnauzbinden und Schnauzbrenner, was ich seither nie wieder gesehen habe.

Sobald ich eine Küche betrat, in der es nach Gas roch – als es noch nicht geruchlos war – erinnerte ich mich sofort an das Haus meiner Großmutter, und ein heimeliges Gefühl überkam mich.

Eine große Ressource war für mich meine Oma. Da konnte ich hingehen, wenn es mir nicht gut ging. Oma hat mich in meinem kleinen Selbstvertrauen gestärkt. Bei ihr habe ich vieles gelernt und gern gemacht: kochen, haushalten, im Garten arbeiten.

Dieses Urvertrauen und Mich-verlassen-Können war für mich sehr wichtig.

Drei meiner Großeltern haben in meinem Elternhaus gewohnt, und sie sind auch da gestorben. Die vierte, meine Pariser-Grandmaman, war ihr Leben lang ein enfant terrible. Ich war oft wütend auf ihre fordernde Art, und ich habe oft gelacht über ihre unverfrorene Eitelkeit. Heute weiß ich, dass sie mir ein Beispiel war für Vitalität und Selbstvertrauen in einer »feindlichen« Umwelt. – Ihr Exmann, mein Grandpapa, Maler und Goldschmied, hat uns gelehrt, die Natur zu lieben, hat uns beim Wandern und auch jeden Abend Geschichten erzählt.

Meine Großmutter mütterlicherseits habe ich als große, warme, ruhige, bescheidene Person in Erinnerung. Ich war fünf Jahre alt, als ich sie durch einen Umzug verlor. Wiedergesehen habe ich sie erst mit zwölf Jahren, als sie auf dem Sterbebett lag und mich nicht mehr erkannte. Von ihr erhielt ich Liebe, Wärme und emotionale Sicherheit.

Mein Großvater war ein Original. Er besaß ein uraltes Fahrrad, dessen vorstehende Nabe am Hinterrad er als Trittbrett zum Aufsteigen benützte. Mit achtzig Jahren machte er eine große Fahrradtour durch die Schweiz, und mit neunzig blies er noch immer die Mundharmonika.

Zu Weihnachten gab es bei Großmutter Hasenbraten und Kartoffelstock. Zehn Leute saßen am langen Tisch mit einem weißen Tischtuch. Großvater schnitzte uns während des Jahres Haselholzpfeifchen. Er machte wunderbaren Holundersirup, und wir Kinder gaben manchmal an, erkältet zu sein, um davon zu kriegen.

Kernsätze fürs Leben erhielt eine Freundin von mir von ihrer Großmutter:

»Meitschi, i säg der eis: S muess jede mit siner eigene Hut i d Gärbi.« (Sinngemäß: Jeder ist für seine eigenen Taten verantwortlich.) »Was für der eint so isch, isch für der ander anders.« (Sinngemäß: Jeder sieht eine Sache durch seine eigene Brille.)

Ein paar der mir zugetragenen Erinnerungen möchte ich ausführlicher zitieren:

Meine gläubige Großmutter mütterlicherseits habe ich sehr bewundert. Ihr Tee war herrlich (Rauchtee von Sprüngli,[35] den meine Mutter ihr jeweils mitbrachte). Wir diskutierten stundenlang über Gott und die Welt. Meine Tante beklagte sich bei meiner Mutter, ich würde meine Großmutter viel zu frech angehen. Ich denke, diese hatte es überhaupt nicht nötig, von ihrer Tochter beschützt zu werden. Eindruck machte mir ihr raumfüllendes Schnarchen, wenn ich bei ihr in den Ferien war. Das war richtig unheimlich. Man hatte das Gefühl, sie war in einer anderen Welt und berichtete darüber in einer fremden Sprache.

Ich bin sozusagen mit dem Großvater väterlicherseits aufgewachsen, da er in unserem Haushalt lebte. Er war für mich eine wichtige Bezugsperson neben meinen Eltern; ich habe ihn sehr geliebt. Er hat oft meine kleine Hand in seine große Hand genommen, das ist bis heute ein gutes, warmes, beruhigendes Gefühl. Mit ihm habe ich meine ersten »großen« Reisen mit der Bahn gemacht. Wir hatten unsere schönsten Mäntel an. Ich war stolz darauf, mit ihm reisen zu dürfen, und habe mich gut beschützt gefühlt. Er hat sehr viel Anteil an meinem Leben genommen und hat mir viel Anerkennung gegeben. Später, als ich älter war und mir seines Alters bewusster wurde, hatte ich Angst, er könnte über Nacht sterben. So stand ich manchmal in der Nacht auf, um zu überprüfen, dass er noch lebte. Er starb, als ich mit meinem ersten Kind schwanger war. Das fand ich schade. Ich hätte ihm gerne seinen ersten Urenkel gezeigt.

Meine Großmutter mütterlicherseits war eine überaus fromme Frau. Sie hat mich gelehrt zu beten und ein gottesfürchtiges Kind zu werden. (Habe mich dann, als ich selbstständiger wurde, mehr mit Jesus angefreundet, vor dem hatte ich keine Angst.) Aber sie hat es geschafft, dass ich bei meiner Erstkommunion glaubte, ich würde ein Engel werden. Sie hat gegen Ende des Krieges zwei traumatische Erlebnisse gehabt: Sie selber wäre fast verbrannt beim Anzünden des Herdes mit Schwefelstäbchen. Sie hatte am ganzen Körper »Brandhaut« und war mehrere Monate im Krankenhaus. Während dieser Zeit verunglückte ihr Mann (mein Opa) bei der Feldarbeit auf einer Mine tödlich. Ihre Kinder wollten es vor ihr verheimlichen, weil sie selber in so einem schlimmen Zustand war, aber sie hat es am Tag des Unfalls gespürt und zu der Krankenschwester gesagt: »Ich spüre, meinem Mann ist etwas Schlimmes passiert.« Ja, wahrscheinlich habe ich von ihr gelernt, dass man (mit Gottes Hilfe) die schrecklichsten Katastrophen überleben kann.

Eine der Erinnerungen handelt von einem Schulaufsatz mit dem Thema: »Der schönste Tag in meinem Leben«. Das damalige Mädchen beschreibt darin das Begräbnis ihres Großvaters. Nicht etwa, weil er böse gewesen wäre. Im Gegenteil, sie liebte ihn heiß und innig. Aber er hatte sich als Buchhalter an Kirchengeldern vergriffen und diese an arme Leute verteilt. Er kam deswegen ins Gefängnis und seine Familie litt unaussprechlich unter der Schande. Am Tage seines Begräbnisses wurde er rehabilitiert, indem unglaublich viele Leute dem Toten die letzte Ehre erwiesen und Gutes über ihn aussagten. Das war für die Seele der Enkelin Balsam. Sie zählte alle Kränze und kam auf 80 bis 90. 180 Lämpchen brannten und 150 Leute kamen zum Leichenmahl.

Das Leben mit einer bettlägerigen Großmutter kann für die Enkelin nicht nur belastend, sondern auch bereichernd sein. Eine meiner Interviewpartnerinnen teilte als Zwölfjährige jahrelang das Zimmer mit ihrer kranken Großmutter und hörte von ihr Geschichten, wie der Großvater und sie sich kennengelernt hatten. Er hatte ihr als Erstes ein wärmendes Unterleibchen geschenkt! Abends kamen die Eltern ins Zimmer und erzählten der Großmutter vom Tag, teilten ihre Neuigkeiten und Sorgen mit ihr. Das Kind tat jeweils so, als ob es schliefe, bekam aber alles mit und war so die bestunterrichtete Person im Haus. Ein weiterer Vorteil war das sogenannte »Sackgeld«, das sie fürs »Hüten« erhielt: zwei Franken im Monat!

Großmütter können sich wandeln in ihren späten Jahren. Ein Beispiel wurde mir von der erwachsenen Enkelin erzählt, die ihre Großmutter als herrische, unnahbare Person gekannt hatte, bevor sie wegen ihrer Gebrechlichkeit in ihrer Familie aufgenommen wurde. Sie hatte sich lange dagegen gesträubt und behielt auch jetzt ihre herrischen Züge bei. Noch im Rollstuhl schlug sie die Sprossen einer Strickleiter zusammen, um zu signalisieren, dass sofort jemand zu ihr kommen sollte. Daneben lernte sie aber »Danke« und »Bitte« zu sagen für Dienste, die man ihr erwies, und zeigte sich erkenntlich für alles, was man ihr zuliebe tat. Jeden Abend hatte sie ihre »blaue Stunde«. Zu der Zeit trank sie einen Sherry, nur einen, nicht mehr. Ihre Enkelin bewunderte sie für ihren klaren Geist, den sie bis zuletzt behielt (sie starb mit 89 Jahren). Ihr umfangreiches Wissen (man konnte sie alles fragen), die Haltung in Bezug auf ihr Aussehen (sie kaufte gerne exquisite Sachen in Boutiquen ein), ihre Willensstärke (sie hörte mit 86 auf zu rauchen) sind Qualitäten, welche sie der Enkelin unvergesslich machen.

Die Welt der Enkel

***

Sie ist sehr verschieden von der Welt, in welcher die Großeltern aufgewachsen sind. Dennoch gibt es Brücken zwischen diesen beiden Welten. Wenn wir offen sind für Neues und unseren Enkeln von unserer eigenen Kindheit und Jugend erzählen, können wir den tiefen Graben, der uns manchmal voneinander trennt, überwinden.

***

Die Welt, in der unsere Enkel aufwachsen, ist eine völlig veränderte im Vergleich zu unserer eigenen Kindheit und Jugendzeit. Das war wohl immer so zwischen den Generationen, aber die enormen technischen Erfindungen im Laufe der letzten Jahrzehnte haben in kurzer Zeit eine nie da gewesene globale Veränderung bewirkt. Die heute Fünfzigjährigen haben wahrscheinlich noch einen Zipfel der gewaltigen Umstellung ins elektronische Zeitalter erhascht und kennen sich darin aus. Die Älteren haben Mühe, sich mit Handy, E-Mail und Internet zurechtzufinden oder lehnen diese ganzen Neuerungen ab. Unsere Enkel turnen aber an den elektronischen Geräten herum, nutzen sie spielend und sind den Großeltern mit ihrem Wissen unter Umständen weit überlegen. Wenn Großeltern sich einen Zugang verschaffen zu der Welt der Enkel, z.B. indem sie sich Computerkenntnisse aneignen oder wissen, wie man E-Mails verschickt, erschließt ihnen das natürlich eine zusätzliche Verbindung zu der heutigen Jugend.

Es gibt heute Großeltern, die im Internet auf eigenen Webseiten über Scheidungs-Kindeskinder und Großeltern-Enkel-Ferien bloggen.[36] Das dürfte jedoch den jüngeren unter ihnen vorbehalten sein. Das Beispiel einer 92-jährigen italienischen Urgroßmutter[37] zeigt jedoch, dass über das Wissen der jungen auch ganz alte Menschen von der Verbindung zum Internet profitieren können. Von einem Großneffen lässt sich die Familienälteste bei Skype einloggen und kann auf diese Weise ihre in Deutschland lebende Enkelin sehen und mit ihr sprechen. Die alte Frau kann nur noch mit Hilfe die wenigen Schritte zur Kirche gehen, und sie war nie in Ludwigshafen. Ihre Enkelin hat aber bis zu ihrem 25. Lebensjahr bei der Nonna gelebt und kommt sie in den Ferien besuchen. »Eine merkwürdige Sache«, findet die alte Frau und genießt die wöchentlichen Nah-Fern-Kontakte.

Mir wurde der große Unterschied zwischen der jetzigen und der Welt meiner Kindheit so richtig klar, als mein bald dreizehnjähriger Enkel in der Schule die Aufgabe bekam, seine Großmutter zum Thema »Wie war das früher?« zu befragen. Das Ergebnis unseres Gesprächs gibt der folgende Text wieder:

Meine Großmutter erzählt

Als ich sieben Jahre alt war, brach der Zweite Weltkrieg aus. Die Schweiz war umschlossen von Ländern, die Krieg führten. Das bedeutete, dass man nicht ins Ausland reisen konnte und dass alle wichtigen Lebensmittel wie Brot, Mehl, Zucker, Eier, Butter, Milch und Käse rationiert waren. In jedem noch so kleinen Gärtlein mussten Kartoffeln und Gemüse angepflanzt werden, damit wir genug zu essen hatten. In den Bäckerläden hing der Spruch »Altes Brot ist nicht hart, aber kein Brot ist hart.« Das Brot durfte erst einen Tag nach dem Backen verkauft werden, weil man dann weniger aß davon.

Wir hatten alle sehr gesunde Zähne nach dem Krieg, weil wir so wenig Zuckerzeug und Schokolade kriegten.

Auch das Benzin und die Auto-Pneus waren rationiert. Es fuhren deshalb nur wenige Autos herum. Wir hatten die Straße für uns und konnten ungestört tschuten[38] und Völkerball spielen. Rote Ampeln gab es noch nicht.

Gegen Ende des Krieges flogen fast jede Nacht amerikanische Bomber über unsere Dächer. Wir mussten alle Fenster verdunkeln, damit nicht aus Versehen unsere Stadt bombardiert wurde. Einmal geschah es aber doch, an einem Sonntagmorgen. Ich verkaufte Abzeichen für Pro Juventute und sah das Feuer und hörte den Krach. Noch Jahre danach bin ich erschrocken, wenn die Sirenen zur Probe heulten.

Am 8. Mai 1945 war der Krieg zu Ende. Die Friedensglocken läuteten, und die Menschen umarmten sich auf der Straße mit Freudentränen in den Augen.

Ich ging bald danach in der Stadtmitte zur Schule. Vier Franken Taschengeld bekam ich pro Woche und musste davon Fr. 3.60 für das Tram-Abonnement bezahlen. So blieben mir vierzig Rappen Taschengeld. Um es aufzubessern, fuhr ich im Winter und im Sommer mit dem Velo von unserem Außenquartier in die

Stadt. Ich habe noch erlebt, wie bei uns das erste Telefon ins Haus kam. Ein schwarzer Kasten wurde an die Wand montiert. Der Hörer hing daneben in einer soliden Metallgabel. Das Ganze hieß Wandgarnitur.

Meine Mutter machte die Wäsche lange Zeit in der Waschküche, wo sie in einem großen Kupferkessel die Leintücher brühte und alles Schmutzige auf dem Waschbrett schrubbte. Später mietete sie einmal im Monat eine Waschmaschine.

Einen Kühlschrank gab es nicht. Die Butter wurde im Sommer in kaltem Wasser schwimmend gekühlt.

Fernsehen, CDs, DVDs, Handys, Computer – das gab es alles noch nicht. Wir hörten Radio oder Grammophon und lasen Bücher. Ich habe oft unter der Bettdecke mit der Taschenlampe gelesen, und wenn die Mutter hereinkam, so getan, als schliefe ich. Wir haben viele Streiche verübt, von denen die Eltern nichts erfuhren. Im Wald haben wir Nielen[39] geraucht, bis uns schlecht wurde. Es waren recht harmlose Sachen. Von Verbrechen und Unglücksfällen hörten wir nicht so viel wie heute.

Der kleine Bericht illustriert den Graben, der zwischen der damaligen Welt, wie sie die Großeltern von heute noch erlebt haben, und der heutigen Welt, in die unsere Enkel hineingeboren werden, liegt. So fern wie ihnen unsere Welt ist, ist für uns wohl etwa die Zeit vor dem Ersten Weltkrieg, welche Stefan Zweig[40] in »Die Welt von gestern« beschreibt. Damals stand noch fest, dass man nur fleißig arbeiten und sparsam leben musste, um zu einigem Wohlstand zu kommen, den man nicht wieder verlieren würde. Kriegskosten und Geldentwertung haben diesen Traum gründlich zerstört. Mit der Sicherheit der

Geldanlagen gingen auch die Sicherheit bürgerlicher Gesellschaftsordnung, die Normen der allgemein gültigen Maßstäbe für Sitte und Anstand teilweise verloren. Das verbliebene Gefühl von Stabilität wurde noch mehr erschüttert durch den Zweiten Weltkrieg mit der furchtbaren Erfahrung der Atombombe, die jeden Glauben überhaupt an einen sicheren Ort auf dem Globus zerstörte.

Die Welt verändert sich unweigerlich von Generation zu Generation, aber kaum je so drastisch wie im 20. Jahrhundert. Die heutige Jugend lebt im superschnellen Zeitalter der Elektronik, geht spielend mit Computern um, gebraucht Handys, hört CDs und sieht DVDs, wobei diese Techniken vielleicht auch schon bald überholt sind. Unsere »multitasking« Enkel werden häufig früh mit dem Stress von rasch wechselnden Bildern und einer Überfülle von Eindrücken konfrontiert. Unter Stress ist aber kein Wachstum möglich.

Mein Enkel unterhält uns gerne mit Witzen, die zum Teil wirklich amüsant sind. Einer der besten beginnt mit der Frage: »Weißt du, wie Kraken in den Ausgang gehen?« Als ich »Nein« sage, beginnt er mit spitzbübischem Lächeln zu leiern: »Arm in Arm in Arm in Arm in Arm in Arm in Arm in Arm.«

Gibt es unter diesen Umständen Anknüpfungspunkte zwischen Enkeln und Großeltern? Die Welterfahrung der Älteren ist den Nachfahren ebenso fremd wie deren Computerwelt der vorvorigen Generation. Tatsächlich können viele Großeltern nicht mitreden in der Welt der Elektronik, in welcher die Enkel leben. Sie müssen sich in den Gebrauch von Handys und

Internet einführen lassen von den Jungen. Die Überlegenheit an Wissen aufseiten der Älteren ist nicht mehr garantiert, auch wenn diese sich bemühen, mit dem technischen Fortschritt Schritt zu halten. Vieles von ihrem Wissen gilt nicht mehr oder ist veraltet; sie können nicht mehr stolz sein darauf.

Andererseits belegen Studien aus 75 Kulturen[41], dass sich die Generationen dort besonders eng verbunden fühlen, wo alte Menschen wenig formale Autorität besitzen. Überlegenes Wissen kann die ältere Generation auch zu dem Gefühl verleiten, dass sie die Mächtigeren sind. Im Moment, wo sie nicht mehr auf ihren Wissensvorsprung pochen und den Enkeln eigene Auffassungen überstülpen können, prägen sie offenbar deren Werthaltungen am nachhaltigsten.

Ich selber habe mich nur mit dem Computer angefreundet, weil ich nicht abgeschnitten sein wollte von der Welt, in der mein Enkel aufwächst. Ich wollte einigermaßen verstehen, wovon er spricht, womit er umgeht und was es damit auf sich hat. Heute könnte ich mir nicht mehr vorstellen, ohne meinen braven Computer zu schreiben, obwohl ich anfänglich unendliche Schwierigkeiten mit dem Ding hatte und es immer wieder auf den Mond schießen wollte.

Umgekehrt stellt sich die Frage: Interessieren sich Jugendliche heute für die Erfahrungen der Älteren im Zweiten Weltkrieg, welche die Kriegs- und Nachkriegsgeneration entscheidend geprägt haben? Wissen junge Deutsche noch, wer Hitler war, haben junge Schweizer eine Ahnung von der Generalmobilmachung 1939 und der nachfolgenden Lebensmittel-Rationierung in ihrem Land?

Interessanterweise scheinen die verschiedenen Welten, in

welchen Enkel und Großeltern leben, keine unüberbrückbare Kluft zwischen ihnen aufzureißen. Es gibt Aktivitäten, denen Enkel und Großeltern gemeinsam nachgehen, wie z.B. Kinobesuche, Fernsehen oder Sportveranstaltungen.

Hallo, liebe Omi, herzlichen Glückwunsch noch mal zum 80. Geburtstag!

Ich hoffe, du freust dich über unsere musikalischen Einlagen. Ich habe dir diesmal nichts Künstlerisches von mir geschenkt, weil du ja schon so oft Bilder bekommen hast. Ich freue mich auf dich und hoffe, dass du noch möglichst lange unter uns weilst. Schon allein wegen des leckeren Essens, aber besonders, weil man mit dir so schön Karten zocken kann.

Die modernen Kommunikationsmittel wie Mobiltelefone mit der Möglichkeit zu simsen[42], eröffnen sogar neue kostengünstige Kontaktmöglichkeiten, bei denen die geografische Distanz (z.B. Wohnort im Ausland) keine Rolle mehr spielt. Allerdings müssen Großeltern dazu mit Handys umgehen können. Die elektronische Welt hat also auch Vorteile für die Verbindung zwischen den Generationen, wenn man sie zu nutzen weiß.

Die Untersuchung »Intergenerationelle Beziehungen im Wandel«[43] hält zu dem Thema fest:

> Moderne und traditionelle Aktivitätsmuster[44] koexistieren bei Enkelkind-Großeltern-Beziehungen häufig, und durch diese Kombination moderner und traditioneller Verhaltens- und Aktivitätsformen – wir kochen nach »Großmutterart« und diskutieren

aktuelle Modetrends – kann die Generationendifferenz älterer Familienmitglieder und heranwachsender junger Menschen durchaus kreativ gestaltet werden. Bei und mit Großeltern können Enkelkinder Neues und Altes in einem spannungsvollen Bogen miteinander in Einklang bringen.

Mir selber war die Welt der Games und Konsolen eigentlich zuwider. Ich fand, sie untergrüben die Kreativität des Kindes, und die visuomotorische Koordination könnte auch auf anderem Weg geübt werden. Was bedeutete es schon, wenn das motorische Areal für die Daumenmotorik im Gehirn sich im Laufe weniger Jahre vervielfachte?[45] Ich musste mir aber sagen lassen, dass Kameraden, an denen meinem Enkel viel lag, nur zu Besuch kamen, wenn sie ihre elektronischen Spiele mitbringen durften. Ich sah ein, dass es soziale Isolation bedeuten würde, sie aus der Welt meines Enkels zu verbannen. Mit zwiespältigen Gefühlen schenkte ich ihm ab und zu ein Game. Ich ging es, wenn möglich, mit ihm auswählen, und eine Bedingung galt strikt: »Keine brutalen, gewalttätigen Spiele oder solche mit unflätiger Sprache!« Ärgerlich blieb ich doch über den Schrott, der in die jungen Gehirne eingelagert wird. In einem schwachen Moment gab ich diesem Ärger auch Ausdruck:

Während einer kleinen Reise, als mein Enkel, kaum im Hotelzimmer angekommen, sich die Kopfhörer überzog und in eines seiner Games versank, verlor ich die Geduld: »Musst du schon wieder gamen? Das ist ja eine wahre Sucht!« Der Junge hatte mich trotz der Kopfhörer verstanden und weigerte sich kurz darauf, mit mir zum Bahnhof zu gehen, um seine Patin abzuholen. Meine Tochter brachte mir bei, dass ich ihn mit dem Wort »Sucht« verletzt hätte. Etwas in mir sagte trotzig: »Ist aber die Wahrheit.« Mein pädagogisch verständnisvollerer Teil meinte jedoch, dass eine verletzende Wahrheit keinen Erfolg zeitigen wird. Also setzte ich mich zu dem Jungen und sagte ihm, dass ich ihn nicht verletzen wollte, dass mich das viele Gamen aber wirklich störe, wenn wir zusammen auf einer Ferienreise wären. Anschließend gingen wir ein wenig Fußballspielen auf die angrenzende Wiese.

In Zukunft versuchte ich teilzunehmen an den Interessen meines Enkels, obwohl es mich Überwindung kostete, die grässlichen neueren Walt-Disney-Filme anzusehen, weil sie so platt, so kitschig und nach einem banalen Muster von Gut und Böse gestrickt sind. »Aber was ist denn der Unterschied zu Märchen, die doch auch grausame Momente kennen und Gut und Böse darstellen? Sind diese Streifen die Märchen der modernen Kinder?«, sagte ich mir. »Der Bub ist doch verständlicherweise angezogen von der Heldengestalt des Jungen, welcher die Eier eines seltenen Vogels retten will und dabei in die Hände eines Bösewichts gerät, der den Eiern aus Profitgier nachstellt.« Um wenigstens die Gefühle bei den filmischen Grausamkeiten zu wahren, schlug ich jetzt einen anderen Weg als den des Verurteilens ein. Als der Schurke den kleinen Jungen an einer Angel über einen Teich voller Kaimane herabsenkte und wieder hochzog, gerade wenn die spitzen Rachen nach seinem Hosenboden schnappten, gab ich meinen Gefühlen Ausdruck: »Der Junge muss aber große Angst haben! Und ich spüre das Schnappen der Kaimane an meinem eigenen Po!« Mein Enkel nahm tröstend meine Hand: »Aber Großmama, es ist doch nur ein Film!«

Bei einer anderen Gelegenheit gelang es mir, mit dem Thema auf konstruktive Weise umzugehen. Der Anlass war eine Ausstellung über Kinderbücher[46], zu der ich meinen Enkel einlud. Es gab da eine Wörter-Suchmaschine mit einem Metallrad, an welchem man drehen konnte. Das Rad setzte einen eisernen Arm in Bewegung, der farbige Kugeln hochhob, sie auf ein weitläufiges metallenes Geleise beförderte, das hinauf und hinunter, kreuz und quer und in Schleifen verlief und schließlich die Kugel in einen alten Filzhut entließ. Aus dem konnte das Kind sie herausnehmen und das Wort lesen, das auf ihr stand. Drei Kugeln durfte man rollen lassen. Danach sollte man eine Geschichte erfinden, in welcher die drei zusammengewürfelten Wörter vorkamen. Für diesen Zweck standen Schreibmaschinen auf Schülerpulten im Raum. Mein game- und computergewandter Enkel sah mich fragend an: »Wie macht man das, Großmama?« Er wusste nicht, wie man ein Blatt einspannt! In diesem Moment wurde mir die Diskrepanz zwischen seiner und meiner Welt erneut schlagartig klar. Was mir noch vertraut war, verstand er schon nicht mehr, während sein geschickter Umgang mit elektronischen Geräten für mich unerreichbar ist. Ein bisschen stolz war ich schon, als ich ihm zeigen konnte, wie man auf einer Schreibmaschine schreibt, besonders, als er sich mit Feuereifer dahinter machte und begeistert seine Geschichte in die Tasten klapperte. Ab und zu rief er zu mir herüber: »Großmama, wie schreibt man …? Groß oder klein?«

Ich spann selber eine kleine Geschichte, sehr befriedigt, der Bilder-Konsumsucht wieder einmal eine Oase abgerungen zu haben, auf der die Gestalten der eigenen Fantasie gedeihen konnten.

Konfliktstoff zwischen den Generationen

***

Konflikte sind zwischen Eltern und Großeltern nichts Ungewöhnliches. Sie können im Allgemeinen bereinigt werden, wenn die Beteiligten erwachsen damit umgehen. Andere, deren Ursachen in tieferen Schichten beider Generationen liegen, stiften immer wieder aufflammende Zwistigkeiten.

***

Bei allem Wohlwollen der Großeltern ihren Enkeln gegenüber werden doch unvermeidlich Konflikte auftreten. Diese scheinen sich weniger zwischen der Ahnen- und der Enkelgeneration abzuspielen. In der Studie von François Höpflinger hatten die Enkel kaum etwas an ihren Großeltern auszusetzen, und in meinen Fragebögen blieb die Rubrik »Was macht dir Mühe im Umgang mit deinen Enkeln?« weitgehend leer. Die störenden Dinge rührten zum großen Teil von der altersbedingten Empfindlichkeit der Großeltern her: die Lautstärke des Schreiens und Weinens, die Streitereien untereinander oder die Überforderung, mehrere Enkelkinder gleichzeitig hüten zu müssen. Einige Großeltern stießen sich an der heutigen Konsumsucht oder dem sorglosen Umgang mit Sachen und Materialien.

Das Enkelkind soll bei gedimmtem Licht schlafen, bettelt aber, noch eine Geschichte vorgelesen zu bekommen. »Das geht nicht, Liebes, das Licht ist nicht hell genug.« »Dann zieh doch deine Brille an.«

Tiefere Konflikte scheinen sich vielmehr zwischen Großeltern und Enkeleltern zu ergeben, die naturgemäß heftiger sind, je weniger die letzteren sich von ihren Eltern abgelöst haben und je weniger sie autonom geworden sind. Auf dem Rücken der Enkelkinder werden dann oft alte schwelende Konflikte ausgetragen, sicher nicht zu deren Vorteil.

Manchmal müssen Söhne und Töchter ihren Eltern auch beibringen, dass sie erwachsen geworden sind und Verantwortung übernehmen können für sich und ihre Kinder. Das mag die Großeltern hart ankommen, aber es zwingt sie zum Überdenken der Situation. Wenn sie das Zuviel an Verantwortung, die sie glauben übernehmen zu müssen, abgeben können, fühlen sie sich meistens entlastet. Das Zurücktreten ins zweite Glied, das Abschiednehmen von Machtansprüchen, vom Besserwissen und dem Ausspielen der eigenen Erfahrung ist eine der wichtigsten Lektionen für Großeltern. Enkel zu haben macht unter anderem demütig. Das Aufgeben der eigenen Wichtigkeit am Kommandoposten bringt dafür Spaß und Spielfreude ins Leben zurück.

Mischt euch bitte nicht ein!

Mit dem Zurücktreten hängt eines der empfindlichsten Themen zwischen den Generationen zusammen: das des Sich-Einmischens. Für die Großeltern kann es zu einer Gewissensfrage werden: Soll man etwas sagen oder sich aus allem raushalten? Ein recht desillusionierter Großvater sagte mir, die Formel für heutige Großeltern laute: »Schweigen, schlucken, schenken.«

So weit würde ich nicht gehen, aber ich habe mir eines hinter die Ohren geschrieben: Mein Enkel ist vor allem der Sohn seiner Eltern. Auch Enkelinnen sind vor allem Töchter ihrer Eltern. Bei allem Mitgefühl für das Kind schadet man ihm, wenn man Partei ergreift gegen seine Eltern, ebenso, wenn man sich zu eindeutig auf die Seite der Eltern stellt. Ich vergesse nie die kleine Szene, als meine Tochter ihrem Buben einmal Schelte verpasste und ich ihr beipflichtete. Der Junge schaute uns ernsthaft an und fragte: »Ist denn gar niemand für mich?« Wir haben uns das gemerkt und uns nie mehr auf diese Weise zusammengetan gegen ihn.

Kluge Großeltern haben mir ihr Rezept für den Umgang mit diesem heiklen Thema verraten. Einigen fiel es leichter, Abstand zu halten, andere konnten kaum schweigen, wenn sie Dinge sahen, die ihnen zutiefst gegen den Strich gingen. Eine Großmutter sagte, sie fühle sich, als hätte man ihr einen Maulkorb umgehängt. Besonders fachlich kompetenten Großeltern fällt es schwer, in bestimmten Fragen kein Urteil und keinen Ratschlag abzugeben. Dafür ein bezeichnendes Beispiel:

Mein Enkel hatte als Säugling Probleme mit dem Schlafen. Mir fiel auf, dass die Eltern auf jeden Laut reagierten, wenn sich das Baby im Schlaf regte. Sie gingen sofort zu ihm, nahmen es unter Umständen auf, auch wenn es vermutlich gar nicht richtig wach war und weiter geschlafen hätte, wenn man es nicht geholt hätte. Das Kind schlief immer unregelmäßiger, die Eltern waren von den unterbrochenen Nächten ziemlich erledigt. Da ich in diesem Bereich gearbeitet hatte, wollte ich helfen und erzählte von meinen beruflichen Erfahrungen mit diesem Problem. Es nützte nichts. Dann schenkte ich ihnen ein Büchlein, in dem die Methode, mit der ich erfolgreich gearbeitet hatte, beschrieben wurde. Nichts!

Eines Tages berichtete mir mein Sohn, dass er und seine Frau mit dem Baby in eine Schlafklinik gehen würden, um sich dort wegen seiner Schlafstörungen beraten zu lassen. Die Beratung war teuer, und sie bezahlten sie aus der eigenen Tasche. Die Eltern hörten von der Fachfrau das, was ich ihnen erzählt hatte und was in dem Büchlein stand, das ich ihnen gegeben hatte. Nur: Nachdem die »Fachfrau« gesprochen hatte, setzten sie ihren Rat sofort um. Die Babyschlaflosigkeit war innerhalb einer Woche behoben! Seither halte ich mich mit Ratschlägen zurück und mische mich in die Erziehung nicht ein, außer ich werde um meine Meinung gefragt.

Eine ähnliche Haltung vertrat eine andere Großmutter:

Ich lasse meinen Sohn mit meiner Enkelin streiten und mische mich nicht ein. Das musste ich allerdings lernen. Heute sage ich, wenn man mich darum fragt, meine Meinung als meine Mei-

> nung. So bin ich dem Gefühl, zwischen Hammer und Amboss zu liegen, entronnen und habe eine bessere Lebensqualität. Nur ist es manchmal nicht einfach, draußen zu bleiben, wenn ich sehe, wie beide Seiten leiden.

Leicht ist diese Haltung nicht einzunehmen, wie der Kommentar einer weiteren Großmutter zeigt:

> Mich nicht einzumischen ist mein Prinzip, und ich habe es bisher auch geschafft, mich daran zu halten, aber es fällt mir mitunter schon sehr schwer. Manchmal gehe ich dann aus der Situation raus oder mache eine Aufmerksamkeitsübung für mich.

Ob es Großvätern leichter fällt, sich nicht einzumischen? Hier zwei lakonische Kommentare von ihrer Seite zum Thema:

> Ich sage, was ich denke, mische mich aber nicht weiter ein.

> Ich glaube, ich habe damit kein großes Problem. Ich mache es so und die machen es so, und meistens geht das ganz reibungslos.

Ungefragte Einmischung wird von den Enkeleltern kaum geschätzt. Wenn sie nicht bereit sind, mit ihren Eltern oder Schwiegereltern über Probleme zu sprechen, welche die Enkel betreffen, können die Großeltern noch so hilfsbereit oder fachkompetent sein, sie werden in ihre Grenzen zurückgewiesen.

François Höpflinger[47] hält in seiner Studie fest, dass auch an sehr persönlichen Dingen geäußertes Interesse, wie z.B. intime Fragen bei Teenagern, welche die Liebe und die Sexualität betreffen, als störende Einmischung empfunden werden können. Nach ihm besteht die »Kunst moderner Großelternschaft« darin, zwischen Einmischung und Desinteresse ein stimmiges Gleichgewicht zu finden.

Grenzen setzen oder verwöhnen?

Das nächste konfliktträchtige Thema ist das Grenzen-Setzen. Dabei geht es nicht nur um die Grenzen, die Großeltern einhalten sollten gegenüber der Enkelfamilie sowie die Art und Weise, wie sie sich auch ab und zu gegen diese abgrenzen müssen. Es geht vor allem darum, wie Großeltern ihren Enkeln Grenzen setzen und was passiert, wenn sie und die Eltern sehr verschiedene Ansichten über das haben, was erlaubt ist.

Bei der Großmutter muss vielleicht aufgeräumt werden nach dem Spielen, während zu Hause die Spielsachen eher liegen bleiben dürfen. Die Mutter verlangt, dass die Zähne geputzt werden nach dem Essen von Süßigkeiten; die Großmutter ist dem gegenüber weniger konsequent eingestellt. Daheim muss man strikt die Schuhe ausziehen, wenn man von draußen kommt; die Großmutter nimmt das nicht so genau.

Kindern ist es im Allgemeinen zuzumuten, dass sie unterscheiden können, welche Regeln in welcher Umgebung gelten. Eine Freundin von mir brachte dies ihrer Enkelin, anknüpfend an ein Märchen, so bei: »Weißt du, bei dir zu Hause ist deine Mami Königin und darf regieren, und bei mir zu Hause bin ich Königin und darf regieren.«

Wenn die Großeltern wesentlich strenger sind und engere Grenzen setzen als die Eltern, ergeben sich Konflikte. Häufig sind die Großeltern aber gewährender und bekommen dann den Vorwurf zu hören, sie würden die Enkel verwöhnen. Wenn Großeltern keine Grenzen setzen, weil es zu mühsam ist oder weil sie die Zuneigung der Kinder erschmeicheln wollen, tun sie ihnen natürlich nichts Gutes. Andererseits ist es ihr Vorrecht, ein bisschen nachlässiger mit Verboten zu sein, weil sie nicht mehr die ganze Verantwortung für die Erziehung haben. Solange sie die Eltern nicht sabotieren damit, ist das in Ordnung, und solange die Auffassungen über Grenzen nicht genau entgegengesetzt sind, auch.

Bei heutigen Eltern zeichnet sich vermehrt ein Trend zu einer direktiveren Erziehung ab. Man denke an die von England her propagierten »Nannys«, welche den Kindern im Auftrag der Eltern Struktur im Tagesprogramm, einen strengen Stundenplan und strikt einzuhaltende Regeln vermitteln sollen. Offenbar ist dies der Pendelschwung in die andere Richtung, weg von der »totalen Brutpflege« bis zur Erschöpfung. Großmütter, welche der 68er-Generation angehören, schreien innerlich auf, wenn sie den barschen Befehlston ihrer Kinder an die Enkel hören: »Marsch, ins Bett, aber sofort!«

Manchmal braucht es einfach klare Absprachen zwischen den Beteiligten, um zu vermeiden, dass sich an alltäglichen Themen wie Schokolade essen, aufräumen, fernsehen oder dem Zubettgehen heftige Konflikte entzünden. Das Enkelkind muss ja klarkommen mit den jeweils geltenden Regeln.

Ein gelungener Kompromiss war der »Luxustag« , den eine Großmutter von Zeit zu Zeit einschob mit ihrem Enkel. Sie gingen dann beispielsweise ins Kino, und er durfte anschließend eine so große Portion Eis haben, wie er es sich wünschte, oder eine Süßigkeit essen, die es zu Hause nicht alle Tage gab. Beide wussten, dass dies die Ausnahme war und dass die Großmutter sonst durchaus die elterlichen Regeln in Bezug auf Naschwerk respektierte.

Von zwei Großmüttern erfuhr ich, dass sie erst lernen mussten, den Enkeln Grenzen zu setzen. Die eine erzählte:

> Anfänglich fiel ich mit Schimpfen und Jammern in meine alte Opferhaltung als erziehende Mutter. Das gefiel mir nicht, und ich hörte auf damit. Jetzt sage ich klar, was ich meine, und getraue mich, zu entscheiden, wann meine Enkelin mich besuchen kann, dann nämlich, wenn es mir auch passt.

Die zweite Großmutter bekannte, dass sie immer wieder zu nachgiebig war und sich selber überging im Umgang mit den Enkeln. Sie lernte, sich mit sich selber zu versöhnen, wenn es ihr wieder einmal passiert war und sie es erst im Nachhinein merkte. Zum Trost benützte sie den Satz: »Nobody is perfect!«

Der frischgebackene Großvater eines Babys war zuversichtlich:

> Wenn ich zuständig bin für ihn, kann und werde ich Grenzen setzen. Das überlassen uns seine Eltern auch. Wenn sie mit uns zusammen sind, werde ich Grenzen setzen, wenn es Dinge gibt, die zwischen mir und ihm bedeutsam sind. Ich kann mich auch gut aus Dingen heraushalten, wenn ich nicht gefragt bin. Wenn

ich allerdings gefragt bin, kann ich wohlwollend dazu Stellung nehmen.

Daraus spricht ein großes Vertrauen sowohl in die eigene Kompetenz wie auch in die Fähigkeit der Enkeleltern, den Großvater gewähren zu lassen.

Zwischen Großeltern selber können ihre verschiedenen Abgrenzungsmethoden zu Konflikten führen. Eine Großmutter schrieb darüber:

> Wenn mein Mann den Enkelbuben allzu heftig bis jähzornig den Tarif durchgibt[48], fühle ich mich öfters hilflos, ängstlich oder wütend. Ich habe noch keinen Weg gefunden, damit umzugehen, weil ich die Enkel schützen, meinen Mann aber nicht bloßstellen möchte, indem ich ihn angreife vor ihnen.

Enkel können zwischen den Großeltern noch auf andere Art Konflikte stiften. In einem Beispiel wurde der Großvater eifersüchtig, weil seine Frau den Enkeln seiner Meinung nach zu viel Zeit widmete. Für die Großmutter bedeutete das, herauszufinden, wie sie selber das Gleichgewicht zwischen ihrem Mann und der Enkelfamilie halten wollte. Letztlich führte das bei ihr zu einer größeren inneren Unabhängigkeit bei ihrem Tun.

Grenzen setzen kann für Großeltern schwierig sein, nicht, weil sie es sich nicht zutrauen würden, sondern weil ihnen selber nicht ganz klar ist, wo genau diese liegen. Das kommt in der Schilderung einer Großmutter zum Ausdruck, die ihren Enkel vom Kindergarten abzuholen pflegte:

Er liebte es dann, noch ein wenig auf dem Spielareal zu verweilen und kletterte ab und zu auf Bäume. Ich freute mich jeweils an seiner körperlichen Gewandtheit und seiner Angstfreiheit, aber eines Tages wurde es mir mulmig zumute, als ich ihn auf einem Kirschbaum entdeckte, dessen obere Äste mir brüchig erschienen. Sicher war ich nicht. Vielleicht würden sie das leichte Kindergewicht auch tragen? Ich entschied mich, meinen Bedenken nachzugeben und rief: »Nicht weiter, David, komm herunter!« Dies im Bewusstsein, dass ich seine Bewegungslust unterbrechen würde. Ich konnte es jedoch nicht länger aushalten, ihn gewähren zu lassen. »Warum? Sonst darf ich doch auch klettern? Ich möchte noch höher hinauf!«, bettelte der Junge. »Es ist nicht wegen dir. Es ist, weil ich Angst habe, der nächste Ast könnte brechen.« »Ach nein, der hält noch gut.« »Nein, du kannst auf den unteren Ästen rumturnen«. Leicht fiel es dem Jungen nicht, seinen Klettermut zu bändigen, aber er muss wohl gespürt haben, dass es mir ernst war.

In gewissen Situationen ist die Abgrenzung durch die Umstände erheblich erschwert. Ich lernte ein Großelternpaar kennen, welches sich selbstlos und rührend für ein schwerbehindertes Enkelkind einsetzte. Sie übernahmen jederzeit die Betreuung des älteren Geschwisters und entlasteten die mit der Pflege des hilflosen Kleinen beinahe Tag und Nacht beschäftigte Mutter, so gut sie konnten. Die junge Familie geriet dadurch in eine größere Abhängigkeit von den Eltern, als es unter anderen Umständen der Fall gewesen wäre. Dies und der heiße Wunsch der Großmutter, dem Enkelchen jede mögliche Hilfe angedeihen zu lassen, machte die Abgrenzung vor allem zwischen den beiden Frauen schwer. Die Großmutter fühlte sich zurückgewiesen, wenn die junge Mutter ihren Vorschlägen nicht nachkam, und musste lernen, sich zurückzunehmen. Erschwerend kam dazu, dass sich das ältere Kind innig an die Großmutter anschloss, die konstant für es da war. So entstand ein ständiger Balanceakt zwischen Eifersucht, Machtkampf und Zulassen der notwendigen Hilfe, welcher die Großmutter aufs Äußerste herausforderte.

Die Großmutter findet die zweijährige Enkelin mit voller Windel im Bett liegend. Sie riecht, was los ist, und fragt, warum die Kleine nicht Bescheid gesagt hat. »Das kann ich noch nicht. Das muss ich noch lernen.«

Eine andere Situation, welche die Abgrenzung schwierig machen kann, betrifft berufstätige Großmütter, welche beim besten Willen nicht allzeit verfügbar sind und damit ihre Töchter oder Schwiegertöchter, die Unterstützung nötig hätten, enttäuschen müssen. Außerdem haben sie oft gegen ihr schlechtes Gewissen zu kämpfen, dass sie ihren Enkeln zu wenig geben, denn sie tragen bei aller Emanzipation oft noch das Bild der altmodischen Großmutter in sich, die da ist, wenn man sie braucht. Dafür gibt es eine Beschreibung in dem Buch »Muttermilch auf seinem Laptop«.[49]

Meine Tochter war glücklich in der Schwangerschaft, und ich freute mich mit ihr. Ab und zu tauchte bei mir die Frage auf: Werde ich Zeit haben, Großmutter zu sein? Ich stand noch voll im Berufsleben und wusste eigentlich nicht, wie ich in meinem Leben Raum für ein Enkelkind schaffen sollte. Eines Morgens kam ein Anruf: »Glückliche Entbindung heute Nacht. Kaiserschnitt. Wir wollten dich nicht beunruhigen.« Ich war tief gerührt, erleichtert und etwas traurig, weil eine natürliche Geburt nicht möglich gewesen war. Doch – sie lebten beide! Mit Blumen eilte ich ins Spital, meine Tochter, einst mein kleines Mädchen, sah mitgenommen aus, aber sie strahlte. Der kleine Bub, mein Enkel, bis dahin etwas Erwartetes, aber nicht Gekanntes, war leibhaftig da. Gleich beim ersten Anblick fasste ich eine tiefe Liebe zu ihm. Aus dem noch vagen »Großmutterwerden, wie schön!« entstand eine ganz persönliche Beziehung. Ich war gewillt, dem Kind Zeit zu schenken, so viel Zeit, wie ich neben meinem Partner, der Arbeit, dem Alltag mit Haushalt, Hobbys und Freundinnen erübrigen konnte. Meine Vorstellung war, dass ich die Zeiten frei wählen würde, um die junge Familie zu besuchen, und dass ich mich zurücklehnen und das Enkelkind genießen könnte. Die Wirklichkeit sah anders aus. Die jungen Eltern zerstritten sich und gingen auseinander. Meine Tochter wurde alleinerziehende Mutter. Vorerst hatte sie ein Jahr Urlaub von ihrer Arbeit, doch danach würde sie auf Fremdbetreuung angewiesen sein. Der Vater behielt zwar die Beziehung zu seinem Sohn, aber Hüten kam nur am Wochenende infrage. Ich musste die Situation neu überdenken. Dann entschloss ich mich, meine Arbeitszeit um einen ganzen Tag zu verkürzen und diese Zeit mit meinem Enkel zu verbringen, regelmäßig, als feste Verpflichtung. Es war nicht leicht. Ich kam in Versuchung, dasselbe Pensum in die verkürzte Zeitspanne zu pressen. Ich fühlte mich überfordert und erkannte schließlich, dass ich meinem Enkel Priorität einräumen und meine Arbeit, die ich liebe, nochmals abbauen musste. Die feste Verpflichtung fiel mir schwer. Ich hatte gehofft, im Alter freier mit meiner Zeit umgehen zu können, unbeschwerter von Familienpflichten. Jetzt begann also ein »Einmal-in-der-Woche-Großmutter-Alltag« von zehn Stunden und mehr. Sie brachten mich manchmal an den Rand meiner Kräfte. Zudem blieb ein innerer Konflikt bestehen. Ich konnte meine Tochter nicht immer genügend unterstützen. Es fiel mir schwer, meine Grenzen einigermaßen zu wahren, z.B., als sie mich schon kurz nach der Geburt fragten, ob ich nicht an meinem freien Tag den Bub hüten könnte. Ich habe damals Nein gesagt, weil ich wusste, dass ich diesen Tag für mich selbst brauchte. Doch ich hatte ein schlechtes Gewissen dabei.

Die Belohnung für meinen Einsatz ist das Zusammensein mit dem quirligen, eigenwilligen Bub und seiner sprühenden Lebenskraft. Ich genieße es, Zeit zu haben und ziellos sein zu dürfen auf unseren Spaziergängen, wo Steinchen und Grashalme, Regentropfen, Pfützen, Schnecken und Schafe bedeutsam und wichtig sind. Ich lernte wieder, nicht nach einem festgelegten Programm mit Terminen zu leben. Das Kind hat zwar einen Tagesrhythmus, aber es erwacht nicht immer zur selben Zeit, schläft auch über Mittag nicht von Punkt eins bis Punkt zwei Uhr. Der Übergang in den Berufsalltag mit seinen festen Strukturen ist manchmal schwierig. Das innere Kind in mir möchte auch wieder ungebundener leben, die Freiheit des eigenen Rhythmus genießen. Das hebe ich mir für später auf. Vorderhand bin ich nach jedem dieser Großmuttertage hundemüde und gleichzeitig tief erfüllt. Ich vermisse den Tag mit meinem Enkel, wenn ich ihn einmal nicht einhalten kann. Ich weiß, der Aufwand wird sich verringern mit der Zeit, wenn der Bub selbstständiger wird, in den Kindergarten oder zur Schule geht. Das wird entlastend sein. Trotzdem wünsche ich mir diese Zeit nicht so schnell herbei, weil die Kleinkinderjahre von jetzt mir die Möglichkeit geben, eine wirklich nahe und tiefe Beziehung zu meinem Enkel aufzubauen. Das ist ein großes Geschenk.

Hinzuzufügen wäre, dass Berufstätigkeit Großeltern auch davon abhalten kann, sich zu sehr einzumischen, weil ihnen schlicht die Zeit dazu fehlt. Ebenso können sie sich gegen ungebührliche Ansprüche der jungen Familie besser schützen, wenn sie beruflich in Anspruch genommen sind. Auf diese Weise wird der nötige Abstand von selbst gewahrt. Großeltern kommen dadurch auch weniger in Versuchung, die Enkel zum Mittelpunkt ihres Lebens zu machen, was die Beziehung nur belasten würde.

Wie wichtig das Thema »Grenzen« sein kann, zeigt auch folgender Text einer 59-jährigen Großmutter, deren Vorstellungen von sich als idealer Großmutter durch die Realität jäh infrage gestellt wurden, wobei sie an ihre eigenen Grenzen stieß.

Ich dachte, ich wäre jetzt eine sanfte, rosig angehauchte Großmama, die sich zurücklehnt in ein Meer von Güte und Zärtlichkeit. Dann merkte ich, dass mit dem Enkel dieselben Probleme auftauchten wie damals mit meinen Kindern. Ich lag im Liegestuhl am Strand, lesend, mit einem Auge den Jungen im Blickfeld behaltend. Er spielte im Sand. Auf einmal sagte er: »Ich will nicht am Meer bleiben; ich will an den Pool gehen.« »Nein, du bleibst hier, das haben wir mit der Mama so abgemacht.« »Ich gehe doch.« Er läuft weg. Ich ziehe die Badeschuhe an, laufe rasch über den heißen Sand, entschlossen, ihn zurückzuhalten.

Er ist beim Sonnenschirm einer anderen Familie aus dem Hotel stehen geblieben und lädt deren Achtjährigen zum Spielen ein. Beide laufen ans Meer; ich schaue seinem jungen geschmeidigen Körper nach. Er wirft sich den Wellen entgegen, jauchzt; die orange Badehose leuchtet immer wieder auf. Ich atme auf – es war ein Spiel, ein loses, eine Seifenblasendrohung! Die Sonne scheint; es ist heiß, ein Sommertag am Meer. Goldener Sand; die Ränder der Sonnenschirme flattern sanft im Wind; der wehmütig durchdringende Ruf des Kokosnussverkäufers weht stets von Neuem durch die Luft. Alles ist friedlich; ich habe mich verhört; da war kein untergründig grollender Ton im Reden meines Enkels.

Seine Mama kommt und legt sich auch hin. Der Junge sagt wieder: »Ich will an den Pool gehen.« »Nein, nicht jetzt, wir wechseln nicht andauernd den Ort.« »Doch. Ich gehe einfach.« Ein Spiel, ein kindliches Spiel, das sich wiederholt.

Plötzlich ist der Junge weg. Die Mama geht suchend am Strand hin und her. Ich sehe ihn gegen den Kiosk des Strandstuhlvermieters laufen. Er will wohl mit den knallroten Lutschbonbons liebäugeln. Nein, er geht weiter, am Kiosk vorbei, die Treppe hinauf zum Pool des Hotels.

Wir nehmen die Strandsachen an uns und gehen dem Jungen nach. Er schwimmt bereits im Bassin, die blaue Taucherbrille vor den Augen. Die Mutter befiehlt ihm, aus dem Wasser zu kommen. Ich erschrecke über meine unnachgiebigen Gedanken in diesem Moment. »Er muss jetzt gehorchen, sonst …« Wo ist die sanftmütige Großmama hingekommen? Die Mama macht sich bereit, ins Wasser zu springen, um den Jungen zu holen. Er kommt aber von selber an die metallene Leiter am Bassinrand und steigt heraus. Seine Mutter nimmt ihn an der Hand: »Wir gehen nach oben.« Kein weiteres Wort außer dem Maulen des Kindes, mit dem es sein Gesicht wahrt. Die Mutter verschwindet im Bad. Ich frage den Jungen: »Weißt du, warum wir nach oben gegangen sind?« Trotzig kommt es zurück: »Ja, das brauchst du mir nicht zu sagen.« Ich gehe über den Trotz hinweg: »Weißt du, warum wir darauf bestehen, dass wir sehen, wo du bist?« »Ja, weil ich ertrinken könnte.« »Weißt du auch, was schlimm daran ist, wenn du nicht gehorchst?« »Ja, aber ich sage es nicht.« Ich bleibe hartnäckig: »Weil wir das Vertrauen in dich verlieren«. Ich komme mir zwar moralisierend vor, aber ich kann nicht anders, als ihm meine altmodischen Werte nahezubringen. Gleichzeitig zweifle ich, ob nicht heutzutage andere Werte gelten, ob mein Enkel nicht in einer Welt mit anderen Maßstäben aufwächst. Schon kommt es zurück: »Das ist vielleicht für die Eltern schlimm, aber nicht für das Kind.« »Doch, für das Kind auch, wenn die Eltern ihm nicht mehr vertrauen können.« Damit gebe ich auf. Der Junge geht auf den Balkon. Er spritzt mit der Wasserpistole umher, durch das Balkongeländer nach unten, an die Balkonwand, die Badehosen, die an der Wäscheleine hängen. Ich verbiete es nicht, um seinen Zorn nicht unnütz zu reizen. Er richtet die Pistole auf mich. »Soll ich dich anspritzen?« »Nur an die Beine, von den Knien an abwärts, und auf die Füße.« Er will die Grenzen verschieben: »Eine Handbreit über den Knien?« Aber ich sage bestimmt: »Nein, das will ich nicht. Es ist mir unangenehm«. Das Kind respektiert die Grenze. Es beruhigt sich allmählich. Ich bin immer noch unruhig. Ich erinnere mich an endlose Kämpfe mit meinen Kindern um die Grenzziehung; ich erinnere mich an den Trotz, den ich meiner eigenen Mutter entgegensetzte. Einmal habe ich drei Tage nicht mehr mit ihr gesprochen, und ich wäre nie wieder aus meiner Einsamkeit herausgekommen, wenn nicht mein Bruder mich ans Bett der Mutter geschleppt hätte. Da bin ich in tiefes Schluchzen ausgebrochen. Die Mutter hat mir übers Haar gestrichen: »Ist ja wieder gut! Ist ja gut!« Ich denke daran, wie ich heute morgen eine tote weiße Krabbe habe hin- und hertreiben sehen auf dem Meeresgrund, und ich nehme mir vor, dem Kind immer wieder eine Brücke zu bauen, immer wieder.

Abgrenzungsprobleme lassen sich manchmal von außen besser erkennen, beispielsweise durch eine dritte Person, welche dem Kind nicht so nahe steht. Dies kommt im Bericht einer Kinderfrau zum Ausdruck, die mit klarem Blick die Schwierigkeiten einer jungen Mutter erkennt, ihrem Kind die nötigen Grenzen zu setzen. Sie nimmt dabei eine Haltung ein, die Großmüttern gut anstehen würde, von diesen aber wegen ihrer größeren Nähe zum Enkelkind weniger leicht einzunehmen ist.

Es wäre ein Leichtes, sich zwischen Mutter und Kind zu schieben, es von mir abhängig zu machen. Aber das darf ich nicht. Sie ist die Mutter. Und dann muss ich eben auch akzeptieren, dass die Mutter dem Kind viel zu viel durchlässt. Es darf einfach mit allem spielen. Ich habe ihr gesagt, irgendwann wird es nicht anders gehen, da musst du Nein sagen – z.B. auf der Straße, da kannst du sie nicht einfach so machen lassen, wie sie will. Für das Kind wird es dann aber sehr schwer sein, wenn du plötzlich Nein sagst. Ich spreche nicht von sinnlosen Verboten oder vom Neinsagen aus Prinzip. Aber auch für die Mutter ist es momentan schwer, weil sie lernen muss, gewisse Dinge durchzusetzen. … Da muss man sich hüten, festzustellen: »Ich habe es dir doch immer gesagt.«

Sie fragt mich viel um Rat, weil ich mehr Erfahrung mit Kindern habe. Dann sage ich, was ich denke, aber ich … darf nicht böse sein, wenn sie es nicht so macht, wie ich ihr geraten habe.[50]

Gründe für mangelnde Grenzsetzung gibt es verschiedene: die eigene Erziehung, die man als zu autoritär erlebt hat; die Angst, die Zuneigung des Kindes zu verlieren; ihm jede Frustration ersparen wollen; oder ein Nichtwissen, wie man angemessene Grenzen setzt. Selten ist es reine Bequemlichkeit. Es braucht Übung und Überlegung, um die Grenzen festzulegen, die die Enkelkinder einhalten sollen. Zudem müssen sie dem Alter der Kinder flexibel angepasst werden. Ich erinnere mich, dass ich mir als Richtschnur setzte: »Ich lasse meinem Kind alles offen, womit es nicht sich oder anderen schaden kann.«

Die Unterscheidung zwischen berechtigter großelterlicher Nachsicht und Verwöhnung ist nicht immer leicht zu treffen. Am besten gelingt es wahrscheinlich, wenn Oma und Opa an das Kind denken, daran, was ihm guttut oder ihm Konflikte mit den Eltern erspart. Wenn es nämlich verheimlichen muss, was bei den Großeltern im Gegensatz zu zu Hause erlaubt ist, kann es ein schlechtes Gewissen bekommen, obwohl es von dem größeren Freiraum einen Vorteil haben mag.

Meinungsverschiedenheiten und Auseinandersetzungen kommen in allen Familien vor. Sie dürfen sogar – je nach Temperament – lautstark und heftig geführt werden. Zwei Dinge sind dabei wichtig: Die Luft sollte danach gereinigt und klar sein wie nach einem von Spannungen entlastenden Gewitter, und die Enkel müssen sicher wissen, dass die Erwachsenen ihren Streit unter sich ausmachen und sie weder hineinziehen noch ihnen die Schuld dafür geben.

Etwas anderes ist es, wenn unter den Angelegenheiten, an denen der Streit sich entzündet, ein tieferes Motiv verborgen liegt, das die Zwistigkeiten immer wieder anfacht.[51] Da geht es dann im Geheimen nicht um die Kindererziehung, den Umgang mit Fernsehen oder Spielzeug, den Süßigkeitskonsum oder die Wahl der Schule. So wichtig diese Themen sein mögen, wenn sich hinter solchen Diskussionen etwas ganz anderes verbirgt, werden sich keine befriedigenden Lösungen finden.

Dieses Andere kann in unterschiedlichem Gewand daherkommen: als Machtausübung; als Bevormundung und Auflehnung dagegen; als Kampf um Eigenständigkeit; als Vorwürfe, die frühere Situationen betreffen (z.B. die Scheidung der Eltern in der Kindheit); als Eifersucht auf bevorzugte Geschwister oder als Loyalitätsfragen. Dies sind nur einige der Fallstricke, über die Familienmitglieder stolpern können.

Weder Großeltern noch Enkeleltern befinden sich innerlich ständig auf der Erwachsenenebene. Beide Seiten verstricken sich daher gelegentlich in alte Beziehungsmuster und verbeißen sich darin. Großeltern können beispielsweise ihre Vormachtstellung nicht aufgeben und die erwachsenen Enkeleltern immer noch wie Kinder behandeln oder den Schwiegertöchtern und -söhnen vorschreiben wollen, wie und wann etwas gemacht werden muss. Dabei ist es nun wirklich Sache der Schwiegertochter, ob die Hemden des Sohnes geplättet sind.

Besonders schlimm sind Vorhaltungen wegen der Partnerwahl, welche die Großeltern unter Umständen nicht billigen mögen. Wenn die Partner der eigenen Kinder nicht den Traumvorstellungen der Großeltern entsprechen, können diese das Paar durch herabsetzende Bemerkungen kränken. Davon bleiben auch die Enkelkinder nicht unberührt, und die Familienatmosphäre ist vergiftet.

Umgekehrt können erwachsene Söhne und Töchter die Großeltern in der Position ihrer Kindheitseltern festhalten. Gegen diese Gespenster aus der Vergangenheit müssen sie sich ständig zur Wehr setzen. Ein von den Älteren harmlos gemeintes Wort kann dann einen Teufelskreis in Gang setzen. »Schon wieder willst du mir vorschreiben, was ich zu tun habe!« Die Gereiztheit im Ton verrät, dass eine empfindliche Stelle getroffen wurde. »Aber ich wollte doch nur …« Diese Fortsetzung verheißt nichts Gutes, denn jetzt beginnt sich ein altes Karussell zu drehen – manchmal mit erschreckender Wucht.

Von einem Großvater habe ich erfahren, dass sein Sohn im Zorn den Kontakt abbrach nach einer – wie er es empfand – unbefugten Einmischung. Was wohl als äußerste Verteidigung der eigenen Autonomie angesehen werden muss, richtete großen Schaden bei den Enkelkindern an, die fortan auf den

Großvater verzichten mussten. Dieser selbst war tief getroffen und litt sehr unter der Trennung, denn er hätte den Enkeln alles mitgeben wollen, was er an Spielfreude, Kreativität und Weltkenntnis besaß.

Streitigkeiten, die immer wieder aufflammen und kein Ende nehmen wollen, ermüden beide Seiten. Sie können nicht endgültig beigelegt werden, weil sie aus tieferen Schichten gespeist werden. Man kann allerdings lernen, sie zu umgehen oder sie zu dämpfen, indem man Distanz wahrt. Manchmal gelingt es, die Klippen mit Humor zu umschiffen. Es kommt auch vor, dass die erwachsenen Söhne und Töchter ihre Eltern im Umgang mit den Enkelkindern anders und liebevoller erleben und so ganz neue Seiten an ihnen entdecken.

Großeltern müssen sich damit abfinden, dass das Gebiet des Verhandelbaren Grenzen hat. Oft hilft nur das schweigende Ertragen der Situation, die man nicht ohne Weiteres ändern kann. Eine »Lösung« finden Konflikte, die ihren Grund unter der Oberfläche der Gegenwart haben, eigentlich nur auf einer tieferen Ebene, dann nämlich, wenn beide Seiten einander und sich selber die Verletzungen vergeben können, die früher passiert sind. Großeltern fangen vielleicht bei sich selbst an und gewinnen damit größeren inneren Frieden. In einem Gespräch mit den Enkeleltern mag es dann gelingen, das Thema anzusprechen und ihnen die Hand zu reichen für eine Versöhnung. Die Enkelkinder werden dies als Erlösung empfinden.

Das Verhältnis zu den anderen Großeltern

Ich hatte gedacht, die Beziehung zu den Eltern der jeweiligen Schwiegertöchter bzw. -söhne würde ordentlichen Konfliktstoff enthalten. Das war aber nicht der Fall; das Thema erwies sich weit weniger brisant als angenommen. Die meisten der befragten Großeltern beschrieben die Beziehung als freundlich-distanziert. Zum Teil sah man sich zu selten, besonders, wenn man weit auseinander wohnte, zum Teil hatte man zu wenig Berührungspunkte.

Einer der Großväter empfand die anderen Großeltern als menschliche Bereicherung und schilderte den Umgang mit ihnen als ausgesprochen herzlich.

> Wir haben eine liebevolle, herzliche Beziehung und stehen in häufigem Kontakt zueinander. Die Begegnungen sind herzlich und offen.

Die Bezeichnung »herzlich« kommt nicht häufig vor im Zusammenhang mit den Eltern der Schwiegertochter oder des Schwiegersohnes, es finden sich höchstens folgende Formulierungen: »nett«, »gastfreundlich«, »man kommt aus miteinander« bis »wir stehen uns nicht sehr nahe«, »ich kenne sie kaum«. Einmal hieß es: »Sie sind zehn Jahre älter als ich. Wir sind uns sympathisch. Die Beziehung ist im Äußerlichen-Gesellschaftlichen geblieben.« Interessant ist die Aussage:

> Wenn wir denn einmal miteinander telefonieren oder uns sehen, ist die Beziehung gut und vertraut. Nur mit dem Vater können

wir uns auf Deutsch verständigen, nicht mit der Mutter. Unsere russische Schwiegertochter sagt, dass die Kommunikation in ihrer Familie ähnlich ist wie in unserer.

Die Sprachbarriere wird öfters als Hindernis für eine gute Verständigung erwähnt, sei es im spanischen Kulturkreis in Südamerika oder in Israel, wo Ivrit (modernes Hebräisch) gesprochen wird. Auch bei räumlichen Distanzen entstehen aber gute Verbindungen zwischen den zwei, drei oder vier Großeltern.

Es kommt vor, dass die Beziehungen zu den jeweiligen Schwiegereltern der eigenen Kinder unterschiedlicher Natur sind, zu den einen recht nahe, zu den anderen kühl. Eine Großmutter formuliert es so:

Das ist abhängig von der Beziehung, die meine Kinder und ihre Partner zu ihnen haben. Manchmal ist es aber auch so, dass ich die Schwiegermütter meiner Töchter mag, meine Töchter aber Schwierigkeiten mit ihnen haben. Dann versuche ich, beide zu respektieren.

Eine ungute Situation entstand zwischen zwei Großelternpaaren, als das Enkelkind die eine Großmutter nicht mochte und ihr seine Ablehnung deutlich zeigte. Leider war die ungeliebte Oma die Mutter des Vaters, was den Konflikt verschärfte. Die Großmutter mütterlicherseits war – wie das meistens der Fall ist – häufiger in der Familie und wurde von ihrer Tochter in Sachen Kindererziehung um Rat gefragt. Die Großmutter väterlicherseits fühlte sich schon durch diese Tatsache ausgeschlossen. Die bevorzugte Großmutter geriet in eine schwierige Lage: Einerseits freute sie sich über den innigen Kontakt zu der Enkelin. Andererseits tat ihr die abgewiesene Großmutter leid. Ihrer Enkelin zureden, sie sollte ihre Gefühle ändern, mochte sie aber auch nicht. Es blieb ihr nur übrig, den Zustand auszuhalten und zu hoffen, es ändere sich mit der Zeit etwas daran.

Nur in einem Fall habe ich von einem Zerwürfnis zwischen den beiden Großelternpaaren erfahren, dann nämlich, als eine Seite der anderen die Schuld gab an der Scheidung der Enkeleltern. Dass es für Großeltern besonders schwierig ist, in einer solchen Situation neutral zu bleiben, wird in dem Kapitel »Die Eltern der Enkel trennen sich« (siehe nachfolgende Seite) noch näher ausgeführt.

Dagegen können die Großeltern eng kooperieren und ein organisiertes Unterstützungsteam für die junge Familie bilden. Wo dies zustande kam, wohnten die Beteiligten recht nahe beisammen und konnten sich auf diese Weise gut die Wochentage aufteilen oder allenfalls Verschiebungen vornehmen. In der Regel war das eine Großelternpaar von Montag bis Mittwoch dran mit Hüten oder Kochen, von Donnerstag bis Samstag das andere. Die jungen berufstätigen Eltern waren so in der komfortablen Situation, ihre Kinder jederzeit gut aufgehoben und betreut zu wissen.

Die Eltern der Enkel trennen sich

***

Enkelkinder, die eine Trennung ihrer Eltern zu verkraften haben, bedürfen oft der besonderen Unterstützung durch die Großeltern. Eine nicht ganz leichte Aufgabe, weil es einer allseitigen Loyalität bedarf, um die Enkelkinder nicht mehr als nötig zu belasten.

***

Nachdem heute jede dritte Ehe geschieden wird, gibt es keine Garantie dafür, dass die Eltern der Enkelkinder jahrzehntelang friedlich zusammenleben. Zwar ist nicht jeder heftige Ehekrach der Anfang einer Trennung; Auseinandersetzungen gehören zu einer gesunden Partnerschaft. Von diesen alltäglichen Streitereien müssen die Großeltern gar nichts erfahren, und wenn sie Zeugen davon werden, enthalten sie sich am besten jeder Einmischung, vor allem jeder Parteinahme, solange Feuer im Dach ist.

Wie sollen sie sich aber verhalten, wenn eine ernsthafte Krise den Ehehimmel ihrer Kinder und Schwiegerkinder überzieht und sie allmählich oder auch plötzlich davon erfahren? Großeltern sind ebenso betroffen von einer möglichen Trennung wie die Kinder des Paares. Ein Gefühlschaos von

Trauer, Ärger oder auch Erleichterung kann sie übermannen. Sie können in Loyalitätskonflikte zwischen den eigenen und den Schwiegerkindern kommen, bislang zurückgehaltene Meinungen und Urteile, Vorwürfe und Ratschläge steigen in ihnen auf, meist sind sie überschwemmt vom Mitgefühl mit den Enkeln und von einem Gefühl der Hilf- und Ratlosigkeit.

Was liegt da näher, als den Unversöhnlichen zuzureden, es doch weiter zu versuchen, um der Kinder willen auszuharren? Gut gemeinte Vermittlungsaktionen werden gestartet – meist erfolglos, bis die Großeltern sich zurückziehen und weiter am Zerwürfnis in der Familie leiden. Dem Paar können sie meist nicht helfen, wenn dieses zur Trennung entschlossen ist. Aber den Enkeln beizustehen ist eine sehr lohnende Aufgabe, um deren Belastung möglichst gering zu halten. Fragt sich nur, wie am besten? Unter ganz bestimmten Bedingungen können Großeltern Vermittler sein in einer ernsthaften Ehekrise. In dem Buch »Oma und Opa können helfen« von Hans Dusolt sind sie aufgelistet.[52] Ich zitiere daraus:

- Beide Elternteile schätzen die Großeltern als vertrauensvolle und unparteiliche Ansprechpartner.
- Beide Elternteile erklären sich mit dem Angebot der Großeltern zur Vermittlung ausdrücklich einverstanden.
- Die Großeltern bringen eigene (beispielsweise berufliche) Erfahrung in der Vermittlung von Konflikten mit.
- Die Vermittlung erfolgt in einem geeigneten Rahmen (beispielsweise in Form eines eigens vereinbarten Gesprächs in Abwesenheit der Kinder).
- Bei dem zu vermittelnden Konflikt können die Großeltern eigene Interessen hintanstellen.

- Die Großeltern lassen sich nicht auf Einzelgespräche oder -absprachen ein, die den Eindruck der Parteilichkeit erwecken können.
- Die Großeltern sind in der Lage, die Grenzen der eigenen Vermittlungstätigkeiten zu erkennen und rechtzeitig an geeignete Fachleute zu verweisen.

Kein Zweifel, dass ein solches Gespräch die Situation beruhigen und damit den Enkelkindern eine friedlichere Atmosphäre zu Hause verschaffen könnte, selbst wenn es zur Trennung kommt. Die Liste zeigt aber auch, welch hohe Anforderungen die Vermittlung an die Großeltern stellt. Sie haben gewöhnlich ihre eigene Meinung über die Ursachen der Zwistigkeiten, in der sie beide sich nicht einmal einig sein müssen. Uneinige Moderatoren sind jedoch keine gute Voraussetzung für ein klärendes Gespräch. Ferner gilt in den meisten Fällen die Loyalität der eigenen Tochter oder dem Sohn, was es schwierig macht, nicht einseitig emotional zu reagieren. Außerdem gibt es Situationen, in denen Großeltern Partei nehmen müssen, z.B. wenn häusliche Gewalt ins Spiel kommt.

Eine Möglichkeit der Direkthilfe kann in dem Angebot bestehen, die Kosten für eine Paarberatung zu übernehmen. Ob das Angebot angenommen wird, hängt wiederum sehr vom Verhältnis zwischen den Partnern und davon ab, wie weit die Krise schon eskaliert ist; ebenso von der persönlichen Beziehung des Paars zu den Eltern bzw. Schwiegereltern. In der Mehrgenerationen-Therapie – falls eine solche zustande kommt – setzen psychotherapeutische Fachleute inzwischen die älteste Generation als versöhnliche Kräfte ein. Unter einer neutralen Leitung können Großeltern so beitragen zur Überbrückung von Rissen im Familiengefüge.

Was hilft aber nun den Enkelkindern am meisten? Es ist vor allem das Angebot eines sicheren Ortes, wo der Boden nicht schwankt wie daheim und wo sie vertrauensvoll über ihre Anliegen sprechen können. Das verlangt von den Großeltern allerdings etwas sehr Wichtiges: Sie dürfen nicht Partei ergreifen für einen Elternteil. Kinder möchten beide Eltern lieben und sich nicht zwischen ihnen entscheiden müssen. Wenn Großeltern ihre Urteile und Meinungen für sich behalten und den Enkeln ein Feld öffnen können, wo sie ihnen und ihren Eltern verständnisvoll begegnen, kann das ein Segen für die Familie sein.

In der Praxis stolpern Großeltern sicher in die Falle der Parteinahme, des Verwöhnen-Wollens der armen Enkel, der Schuldzuweisung an die Enkeleltern, die anderen Großeltern oder an sich selber – kein Grund, sich nicht immer wieder daraus zu befreien und auf die guten Möglichkeiten zu besinnen, die man als Großeltern hat. Wie heikel die Rolle der Großeltern ist in Trennungssituationen, zeigt folgendes Zitat aus »Oma und Opa können helfen«:[53]

> Bei einer Trennung der Eltern bewegen sich Großeltern somit einerseits in einem hochsensiblen Spannungsfeld zwischen Nichteinmischung und starker Identifizierung mit einer der beiden Seiten, andererseits zwischen der Erwartung eines intensiveren Kontakts mit den Enkelkindern und der Angst, diese zu verlieren.

Gebraucht werden Intuition, Feingefühl und die Fähigkeit, die Signale bei den Enkelkindern wahrzunehmen. Wenn sie in einer spannungsgeladenen Atmosphäre leben müssen, ist es manchmal das Beste, ihnen ein paar unbeschwerte Stunden anzubieten, z.B. auf einem Spielplatz, wo sie sich austoben können, oder bei einem Zoobesuch, an einem Spielnachmittag oder beim Kuchenbacken.

Wenn sie über die Situation zu Hause reden möchten, ist es gut, ihnen vorerst verständnisvoll zuzuhören und ihre Gefühle zu bestätigen. »Ja, deine Eltern haben es im Moment schwer. Du spürst das, und es macht dir zu schaffen. Es macht dich traurig/ärgerlich.« (Je nachdem.) Versuchen Sie nicht, die Situation zu vernebeln oder zu verharmlosen. Kinder haben ein feines Gespür für die Stimmung in der Familie. Wenn sie nicht wissen, was eigentlich los ist, leiden sie darunter. Deshalb ist es wichtig, ihre Wahrnehmung zu bestätigen und ihnen gleichzeitig die Botschaft zu geben: »Deine Eltern werden eine Lösung für ihre Schwierigkeiten finden. Es ist ihre Sache. Du bist jedenfalls nicht schuld daran.«

Empfindsame Kinder neigen dazu, die Schuld für das Zerwürfnis bei sich zu suchen. Sie versuchen dann, besonders lieb und pflegeleicht zu sein, um die Eltern nicht noch mehr zu belasten. Wenn sie dabei lernen, sich selbst zu verleugnen und ihre Gefühle zu unterdrücken, tut ihnen das nicht gut.

Andere Kinder werden auffällig oder krank und bieten so ein Ablenkungsmanöver an, um die Sorge der Eltern auf sich zu ziehen und sie vielleicht auf diese Weise wieder zusammenzubringen. Natürlich geschieht das nicht bewusst, und man tut gut daran, ihnen diesen Zusammenhang nicht unbedingt aufzudrängen. Es reicht zu sagen: »Auch wenn deine Eltern es schwer haben, darfst du fröhlich sein. Du musst dich nicht zu sehr anstrengen für sie. Sie sind für ihre Probleme selber verantwortlich.« Wenn die Enkelkinder Fragen stellen zur Situation, müssen Großeltern sehr behutsam antworten. Informationen ohne Einverständnis von Vater und Mutter der Enkel weiterzugeben – z.B. wenn eine Außenbeziehung besteht –, kann beide Elternteile sehr verletzen. Man kann mit ihnen reden und sie fragen, ob sie ihre Kinder einweihen möchten in den Grund der Probleme. Entscheiden müssen das die Eltern unter allen Umständen selber. Als Großeltern darf man nur nachfragen oder Vorschläge machen, und manchmal ist sogar das zu viel.

Wenn man Informationen hat, die es einem schwer machen, den Schwiegerkindern gegenüber loyal zu bleiben, kann man auch zum Enkelkind sagen: »Schau, ich gehöre zur Mamawelt (oder Papawelt), weil ich die Mama (oder der Papa) deiner Mama/deines Papas bin. Ich sehe alles ein wenig mehr von ihrer/seiner Seite aus, obwohl ich deinen Papa/deine Mama auch mag.« (Wenn das stimmt.) Unwahrhaftig werden muss man nicht; es geht nur darum, das Gleichgewicht dem Kind gegenüber möglichst zu wahren. Wenn das Vertrauensverhältnis zwischen Kind und Eltern nicht getrübt ist, kann man es einladen, seine Eltern selbst zu fragen.

Der Enkelbub wünscht sich brennend ein Aquarium mit Fischen. Die Großmutter ist bereit, es ihm zu schenken. Er darf zehn Fische auswählen. Allerdings warnt ihn der Zoohändler: »Du musst aber mit Verlusten rechnen.« Drei der Fische sterben wirklich nach kurzer Zeit. Der

Bub ist untröstlich. Die Großmutter erinnert ihn: »Du hast doch gehört, dass du mit Verlusten rechnen musst.« Das Kind weint: »Ich habe doch nicht gewusst, was Verlust heißt.«

Kinder, besonders kleinere, kann es sehr entlasten, wenn man ihnen rät, die Schwierigkeiten in der Familie ihren eigenen oder den Schutzengeln der Eltern zu übergeben.

Auf jeden Fall sind Großeltern dazu da, die Zuversicht für ihre Enkel hochzuhalten, dass sich Lösungen finden, selbst wenn die Krise nicht vorübergehen sollte. Auf die Großeltern sollen sie aber immer zählen können.

Stiefgroßeltern oder die Patchworkfamilie

***

Patchwork- oder Fortsetzungsfamilien nehmen zu; sie sind vielleicht sogar die Familienform der Zukunft. Sie stiften zahlreiche Verknüpfungen unter den Familienmitgliedern, stellen aber auch eine große Herausforderung dar an die Eltern und Großeltern der zusammengesetzten Familien. Wie kompliziert das neue Beziehungsgeflecht aussehen kann und welche Erfahrungen damit verknüpft sein können, darum geht es im Folgenden.

***

Als ich begann, meine Großelterngespräche zu führen, war mir noch nicht klar, wie viele Stiefgroßeltern es heute gibt. Das ist zum Teil die Folge einer neuen Familienform, die sich zunehmend verbreitet: die Patchworkfamilie.

Das Wort »Patchwork« kann man mit »Flecken« oder »Stückchen« übersetzen. Lustigerweise bedeutet es auch »Schönheitspflästerchen«. Patchwork wird vom Duden einerseits als Technik zur Herstellung von Kleiderstoffen, Decken und Wandbehängen definiert, bei der Stoff- oder Lederflicken in den verschiedensten Formen, Farben und Mustern zusammengesetzt werden, andererseits als Stoffstück, das aus vielen kleinen Stoff- oder Lederstücken besteht.

Eine Patchworkfamilie ist also eine zusammengesetzte Familie. Im Deutschen beginnt sich der Ausdruck »Fortsetzungsfamilie« einzubürgern. In ihr treffen sich Menschen, die ursprünglich in einer anderen Familie gelebt haben und durch Trennung/Scheidung des Elternpaares oder auch durch den Tod eines Elternteils verwaist sind und in einer nächsten Paar-Verbindung versuchen, wieder zu einer Familie zu werden. Dass dies kein leichtes Unterfangen ist, leuchtet ein. Wer aber schon Patchworkdecken gesehen hat, die wahre Wunder an Kunstfertigkeit sind, gerade durch die Vielfalt der Elemente, gibt auch dieser Familienform eine Chance.

Weshalb kommen Patchworkfamilien immer häufiger vor? Im 20. Jahrhundert wurden Frauen nicht nur zunehmend wirtschaftlich unabhängiger; es entwickelte sich auch mit der sexuellen Befreiungsidee in den 70er-Jahren und der Frauenbewegung in den 80ern ein neues Partnerschaftsmodell, welches die Ehe als Arbeits-und Zweckgemeinschaft – auch um Kinder aufzuziehen – ablöste. Das romantische Liebesideal[54] beeinflusst nun die Vorstellungen von Beziehung. Sie wird neu definiert als reine Gefühlssache, in der die Partner einander emotional anregen und versorgen. Dieses Idealbild hält dem Alltag nicht unbedingt stand, besonders, wenn die Hormonflut der Verliebtheitsphase zurückgeht und Eigenschaften wie Beständigkeit, Konfliktfähigkeit und Lebenskompetenz gefragt sind. Natascha Becker bemerkt dazu in ihrem Buch: »Leben in der Patchwork-Familie«[55]

Beziehungen werden immer instabiler und kurzlebiger. Gründe dafür gibt es genug: Vor allem eine immer höhere Erwartungshaltung an die eigene Partnerschaft macht Männer und Frauen unzufrieden mit dem, was sie haben. Waren Ehepartner früher meist gezwungen, sich irgendwie zu arrangieren, kann man heute sein Glück viel leichter mit einem neuen Partner versuchen. Zudem sind viele Frauen heute finanziell unabhängiger als früher und nicht mehr gezwungen, in einer unglücklichen Partnerschaft auszuharren. Und last, but not least trifft heute eine Scheidung auf eine weitaus höhere gesellschaftliche Akzeptanz. Die Hemmschwellen zur Trennung liegen also alles in allem deutlich niedriger, als es früher der Fall war.

Es ist sicher begrüßenswert, dass niemand mehr ausharren muss in einer unerträglich gewordenen Beziehung und dass die Gesetze heute im Vergleich zu früher eine Scheidung erleichtern. Wir müssen uns daher vertraut machen mit neuen Formen des familiären Zusammenlebens und damit rechnen, dass sie zunehmen. Dazu nochmals Natascha Becker:

> Immer mehr Paare trennen sich, die Scheidungsrate steigt. Derzeit treffen sich 36 Prozent der einstigen Brautpaare vor dem Scheidungsrichter wieder (das war 2005, inzwischen sind es in städtischen Verhältnissen bis zu 50 Prozent). Hinzu kommen die Trennungen unverheirateter Paare. Damit nimmt auch die Zahl der Alleinerziehenden zu, die sich in den meisten Fällen wieder einen neuen Partner suchen. So ersetzen die zusammengewürfelten Lebensgemeinschaften immer mehr die traditionellen Familien. Bei Kindern aus Patchwork-Familien wiederum ist die Wahrscheinlichkeit, dass sie später selbst eine Patchwork-Familie gründen, mehr als doppelt so hoch wie bei Sprösslingen aus tra-

ditionellen Familien. Ein weiterer Hinweis darauf, dass die zusammengewürfelte Lebensgemeinschaft in Zukunft eher der Normalfall als die Ausnahme sein wird.

Für Großeltern heute bedeutet das, dass sie entweder bereits selber die Erfahrung von Trennung oder Scheidung gemacht und neue Partner gefunden haben, oder dass ihre Kinder und damit auch die Enkel in einer Patchworkfamilie leben. Wenn früher Kinder etwa zwei bis drei Großeltern gekannt haben, gibt es heute solche mit acht lebenden Großeltern. Das ist leicht möglich, wenn zu den vier Großeltern des leiblichen Elternpaares je zwei von den neuen Partnern der Eltern hinzukommen. Das folgende Diagramm auf Seite 146 veranschaulicht diese Situation.

Das Wort Stiefgroßeltern weckt vielleicht Assoziationen an die böse Stiefmutter in den Märchen (sie kommt übrigens viel häufiger vor als ein böser Stiefvater). Ich habe jedoch kein passenderes Wort gefunden, um die verwandtschaftliche Beziehung zwischen Enkel und angeheiratetem oder partnerschaftlich verbundenem Großelternteil zu bezeichnen. Die Zusammensetzung Stiefenkel erscheint mir aber so hässlich, dass ich sie durch den Ausdruck Partnerenkel ersetzen möchte. Meine großelterlichen Gesprächspartner, die davon betroffen waren, haben die Wortschöpfung mit Erleichterung begrüßt.

Wie komplex das Beziehungsgeflecht in einer Patchworkfamilie werden kann, wenn mehrmalige Trennungen vorkommen, zeigt das Diagramm. Die Frage ist, wie Eltern und Kinder mit den Trennungen und neuen Verbindungen zurechtkommen, wie sie den Trennungsschmerz überwinden

Einfaches Generationen-Diagramm mit vier Großeltern

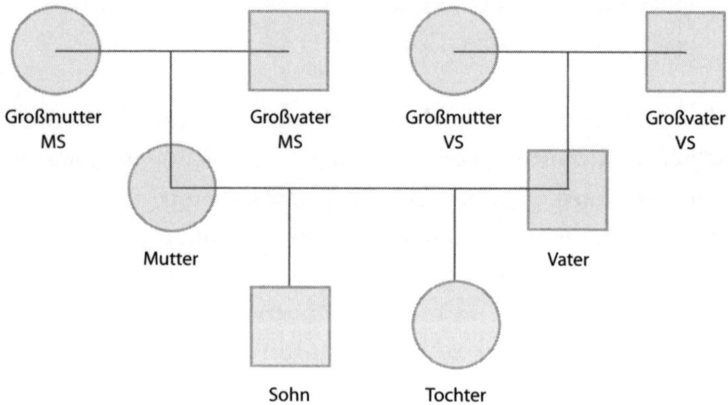

Heutige Möglichkeit mit acht Großeltern

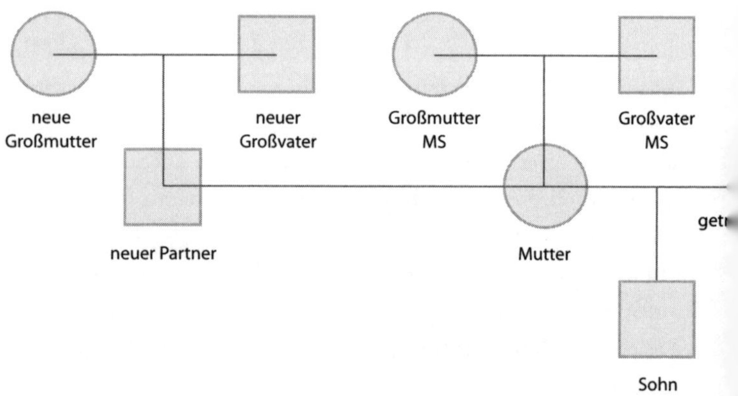

und sich auf die neuen Partner ihrer Eltern und das Zusammenleben mit bisher unbekannten Kindern als Geschwister einzustellen vermögen. Dabei können Großeltern eine wichtige Hilfe sein, besonders, wenn die Eltern der Enkel durch die Erfahrungen des Lebens z.B. psychisch krank geworden oder nicht imstande sind, ihren Kindern genügend Struktur im Alltag anzubieten.

Eine der von mir interviewten Stiefgroßmütter, selber kinderlos, aber in einem pädagogischen Beruf tätig, hatte sich in späteren Jahren mit dem leiblichen Großvater von zwei Enkelkindern verheiratet. Das Paar nahm sich – obwohl die neue Frau von der ehemaligen Familie abgelehnt wurde – auf rührende Weise der vernachlässigten Kinder an. Sie durften in den

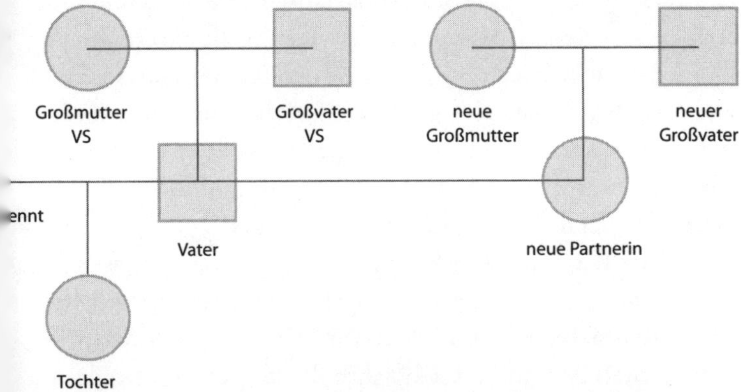

Ferien zu den Großeltern kommen; es wurden Pläne gemacht, unter welches Thema man die Ferien stellen könnte, z.B. »Alp-Ferien« im Zusammenhang mit der Heidi-Geschichte von Johanna Spyri. Weil die Kinder zu Hause nicht lernten, wie man Grenzen einhält, richtete die Großmutter für jedes der beiden ein Wägelchen mit Spielsachen ein, über das sie verfügen konnten. Sie durften sich aber nicht aus dem Vorrat des Geschwisters bedienen, und beim Aufräumen wurde konsequent die Frage gestellt: »In welches Wägelchen gehört das?« Lernschwierigkeiten wurden mit Geduld und Behutsamkeit überwunden, z.B. indem die Großmutter dem lernunwilligen Kind sokratische Fragen stellte. »Stell dir vor, du lernst nichts in der Schule. Was machst du dann später, wenn du Hunger hast und posten[56] willst? Brötchen kaufen ohne Batzen, wie soll das gehen?« Als eines der Kinder sich lange Zeit weigerte, Fahrrad ohne zusätzliche Rädchen zu fahren, wurde es gefragt: »Wollen wir sie wegnehmen?« »Nein.« »Wann willst du sie wegnehmen?« »Morgen.« Es wurde so lange gefragt, bis das Kind sich getraute, ohne Stützen zu fahren. Die Stiefgroßmutter bezeichnete sich als »praktizierende Großmutter«. Beide Großeltern waren sich einig, dass sie den Kindern das Gefühl von unverbrüchlicher Verlässlichkeit vermitteln, ihnen Führung und Vertrauen ins Leben mitgeben wollten. Sie fanden das gemeinsame Engagement beglückend, und es schuf eine neue tiefgehende Verbindung zwischen ihnen.

Wie vielfältig die Beziehungs- und Verwandtschaftsstruktur in einer modernen Fortsetzungsfamilie sein kann, möchte ich am Beispiel einer heute 74-jährigen Frau zeigen. Ihre Großmutterschaft begann, als sie 49 Jahre alt war. Seither verteilt sie sich über Jahrzehnte und weist immer neue Beziehungsfacetten auf. Insgesamt gibt es fünf Kategorien von Enkelkindern, die sie zum Teil intensiv begleitete.

- Die erste Enkelin ist 25. Es ist keine leibliche Enkelin, sondern die Tochter der Partnerin ihres Sohnes, eine Stiefenkelin, wenn man es so bezeichnen will.
- Die Tochter ihrer eigenen Tochter, also ihre leibliche Enkelin, ist 13.
- Nach der Scheidung von dem Vater ihrer Tochter ging sie eine neue Partnerschaft ein. Ihre Partnerenkel (d.h. die Enkel ihres neuen Partners) sind dreieinhalb und eineinhalb Jahre alt.
- Ihr ehemaliger Schwiegersohn, der Vater ihrer leiblichen Enkelin, bekam in einer neuen Beziehung zwei weitere Kinder. Dazu brachte seine Partnerin zwei Kinder aus ihrer früheren Beziehung mit. Über die leibliche 13-jährige Enkelin, die in der neuen Familie ihres Vaters Halb- und Stiefgeschwistern begegnet, hat ihre Großmutter auch Verbindung zu diesen Kindern, wenn auch nicht eigentliche Großmutterfunktionen.
- Im Moment besteht Aussicht auf ein nächstes Enkelkind, dessen Vater ihr Sohn wäre. Die 74-Jährige würde sich freuen, fragt sich aber wohl zu Recht: Schaffe ich das noch in meinem Alter und nach so viel Engagement meinen Enkeln gegenüber?

Leider gelingt die Beziehung zwischen neu hinzugekommenen Partnern und der bestehenden Restfamilie nicht immer. Ein

Text aus »Muttermilch auf seinem Laptop« beschreibt die unbefriedigend verlaufende Situation aus der Sicht der »Neuen an Vaters Seite«, die zum ersten Mal auf die Tochter ihres Partners trifft.[57]

Sie stand da, die Hände in die Jeans-Jacke gestopft, mit blonden Strubbelhaaren. Große braune Augen musterten mich kurz, dann zog sie blitzschnell die rechte Hand aus der Jackentasche und trennte mit überraschend kräftigem Schlag unsere Hände, die von Franz und mir, der Neuen an Vaters Seite. Veronika war acht, Stefanie 14 1/2 Jahre alt, als sich ihre Eltern trennten. Nach Jahren des stillen Streites und der unendlich lauten Sprachlosigkeit. Die Ältere wurde dem Vater zugesprochen, die Jüngere blieb zunächst bei der Mutter. … Ob sie eine gute Mutter war oder nicht, darüber habe ich viel nachgedacht. Doch am Ende blieb immer die Tatsache, dass sie eben die Mutter war und die Mädchen bei aller Wut und Verzweiflung mit nicht nachlassender Anstrengung um deren Liebe und Anerkennung kämpften. Zu den beiden Mädchen fand ich keinen Zugang. Die Beziehung scheiterte.

Trotzdem scheint etwas Verbindendes zwischen Stiefmutter und -tochter erhalten geblieben zu sein. Ab und zu sehen sie sich und: Beim letzten Mal nahm sie wieder die Hand aus der Jackentasche. Und schob sie in meine, als wir durch die Stadt wanderten.

Ein Leben ohne Enkel

***

Kinderlose Frauen und Männer haben keine Enkel, es sei denn, sie finden Kontakt zu Wahlenkeln in der Verwandtschaft, bei Bekannten oder bei im selben Haus wohnenden Familien. Aber auch Eltern können enkellos bleiben, wenn die eigenen Kinder keine Kinder bekommen.

***

Das eigene Alter ohne Aussicht auf Enkelkinder gestalten zu müssen, fällt nicht allen Menschen gleich leicht. Ein von mir befragtes älteres Paar meinte zwar, es wäre nett gewesen, aber sie könnten gut damit leben, dass sich keine Enkel einstellten. Als »Schlottergroßeltern«[58] für die Kinder von Neffen und Nichten würden sie ab und zu gerne zur Verfügung stehen. Ein anderer Mann wehrte entschieden ab: »Abstellplatz für Enkelkinder – nein danke!« Er sah nur die negativen Seiten der Großelternschaft.

Wenn das Bedürfnis nach eigenen Kindern nicht ausgeprägt war, fällt der Verzicht auf Enkel weniger schwer. Anders ist es für Paare mit eigenen Kindern, die ziemlich fest mit Enkeln gerechnet haben, oder für Frauen, die bereits unter ihrer Kinderlosigkeit – freiwillig oder auferlegt – gelitten hatten. Beim überlegten Verzicht auf Kinder spielt heute oft die Angst eine Rolle, den Spagat zwischen Beruf und Mutterschaft nicht zu schaffen.

Eine Freundin, vom Aussehen her als gütige Großmutter prädestiniert, schilderte mir ihren Leidensweg. Sie hatte bewusst auf Kinder verzichtet, weil sie aus einer psychisch schwer belasteten Familie kam. Keinesfalls wollte sie das fatale Erbe Kindern weitergeben. Sie hatte überdies das Gefühl, selber innerlich nicht so gefestigt zu sein, dass sie einem Kind hätte gerecht werden können. Die Fragen aus dem Freundes- und Bekanntenkreis blieben nicht aus: »Warum habt ihr keine Kinder? Du wärst doch eine wunderbare Mutter! Warum lässt du deine Gaben keinem Kind zugutekommen? Wag es doch! Du siehst erst mit der Erfahrung, dass du es kannst. Oder bist du am Ende zu egoistisch? Scheust du die finanzielle Belastung? Oder ist dir deine Karriere wichtiger?« Die letztere Frage kam vor allem von Müttern, die sich mit kleinen Kindern abplagten und nur die größere finanzielle und zeitliche Freiheit der Kinderlosen sahen. Es war nicht leicht, diese quälenden Fragen zu ertragen und die eigene Entscheidung vor sich selber und den Nachfragenden zu vertreten. Wie sollte man ihnen auch erklären, dass gerade nicht die Scheu vor Verantwortung, sondern erhöhtes Verantwortungsbewusstsein der Grund für den Verzicht war? Schließlich verstummte die junge Frau vor den Fragen und verschloss das Thema in sich selber. Heute, mit über 60, nachdem sie ihr Leben ins Lot gebracht hat und ihre Verletzungen geheilt sind, wäre sie bereit für Kinder. Darüber schleicht sich eine leise Trauer ein: Zu spät! Der Verzicht auf eigene Kinder begräbt auch die Aussicht auf leibliche Enkel.

Meine Freundin wurde aber eine Stockwerk-Großmutter. Ihre Türe war offen für die beiden Buben der Nachbarsfamilie, die über ihr wohnte. Für die Jungen war es köstlich, immer wieder hinunter zu ihrer Wahloma zu schlüpfen. Deren Qualitäten kann man daran ablesen, dass der Kleinere eines Tages verkündete: »Heute ziehe ich zu dir!« Er war nicht zu bewegen, nach oben zu seiner Familie zurückzukehren. Schließlich erschien der ältere Bruder, um den Kleinen zurückzubringen. Auch der Ältere wollte bleiben. Er bekam zwar die Erlaubnis der Eltern für weitere zehn Minuten, wollte sich aber danach nicht mehr wegschicken lassen. Am Ende musste der Vater beide Buben abholen. Ich möchte hinzufügen, dass meine Freundin absolut keine besitzergreifende Person ist oder den Eltern die Kinder wegnehmen will. Offenbar bietet sie aber eine so akzeptierende Atmosphäre an, dass die Kinder die Zeit bei ihr vergessen.

Eine andere Freundin von mir, deren Lebensgeschichte ihr eigene Kinder vorenthalten hat, versieht eine wichtige Funktion in ihrer Familie. Als Älteste der Geschwister ist sie die Familienchronistin. Sie sammelt entsprechende Dokumente, betreibt Ahnenforschung und zeichnet Stammbäume auf. An den Hochzeiten ihrer Nichten und Neffen ist sie eine gefragte Instanz für Familiengeschichte. So erfüllt sich trotz ihrer Kinderlosigkeit eine wichtige Ahninnenaufgabe: das Bewahren und Weitergeben der historischen Zusammenhänge.

Wie gefragt Paten-Großeltern sind, lässt sich einem Inserat im Tages-Anzeiger der Stadt Zürich entnehmen.[59] Unter dem Titel »Jetzt habe ich auch einen Enkel« mit dem Foto einer entsprechend jugendlichen »Großmutter« und einem lächelnden »Enkel« werden Menschen zwischen 45 und 69 Jahren gesucht, die Kindern als Bezugsperson zur Seite stehen und ihre Lebenserfahrung weitergeben wollen. In kurzen Worten wird hier die Funktion von Großeltern umschrieben und ihre Wichtigkeit für Kinder betont, die leibliche Großeltern entbehren müssen. Manchmal muss man gar nicht so weit suchen. Im Bekanntenkreis finden sich oft Wahlomas oder Wahlopas, die gerne Wahlenkel betreuen und begleiten.

Großeltern können sterben

***

Enkel werden am häufigsten als Jugendliche vom Tod ihrer Großeltern betroffen. Je nachdem, wie viel Kontakt sie mit ihnen hatten und wie verbunden sie ihnen waren, kann dies ein einschneidendes Erlebnis sein.

***

Die Untersuchung von François Höpflinger[60] und seinen Mitautorinnen hält fest, dass die Erfahrung des Sterbens von Großeltern wegen der erhöhten gemeinsamen Lebensspanne der Generationen im Allgemeinen nicht in der Kindheit, sondern erst im Jugendalter gemacht wird.

Kinder sind durchlässiger für die Wahrnehmung von räumlich entfernten Geschehnissen. Anders ließe sich folgende Begebenheit nicht erklären. Die Enkelin einer Freundin von mir erfuhr, dass die Großmutter ihrer Mutter im Sterben liege. Das Kind antwortete darauf bestimmt: »Nein,sie ist schon tot.« Die Erwachsenen wollten ihr das ausreden, aber eine Überprüfung der Zeit ergab, dass die Urgroßmutter exakt fünf Minuten vor der Aussage ihrer Urenkelin verschieden war.

Kinder können sich aber schon im Vorschulalter mit dem Thema Tod befassen, und die Frage nach dem Sterben der Großeltern beschäftigt sie nicht selten. Der Enkel einer Bekannten fragte seine Großmutter: »Warum hast du graue Haare?« Sie antwortete: »Weil ich schon alt bin.« »Nein, du bist nicht alt. Alte Leute sterben.« Dieser Junge war offenbar nicht bereit, an den Tod seiner Großmama zu denken und löste die Frage durch eine elegante Eigenlogik.

Mein eigener Enkel überraschte mich eines Tages mit der Frage: »Großmama, warum stirbst du bald?« Ich war gesund und munter; es bestand kein Anlass, um mein Leben zu fürchten. So brauchte ich eine Weile, um zu begreifen, dass hinter der ein wenig schockierenden Frage etwas verborgen war, das meinen Enkel sehr beschäftigte. Ich formulierte es ungefähr so für mich selber: »Ich habe gehört, dass alte Leute sterben. Du bist doch auch schon alt. Sag mir, muss ich Angst haben, dich zu verlieren?« Das Einzige, was mein Enkel brauchte, war eine Beruhigung seiner Befürchtung, ich könnte in kurzer Zeit sterben. Deshalb sagte ich zu ihm: »Ja, ich bin schon ziemlich alt. Aber ich habe nicht im Sinn, so bald zu sterben.« Das genügte ihm, und er trollte sich zufrieden.

Als er älter war, mit neun Jahren, verlor er seinen Großvater, den Vater seines Vaters. Die Familie war darauf vorbereitet, denn der Nonno war längere Zeit krank gewesen. Für meinen Enkel war es ein großer Verlust, weil er seinen anderen Großvater gar nicht kennengelernt hatte. Wir fanden, ein Kind dürfe nicht ausgeschlossen werden von den großen Lebensthemen. Deshalb gingen wir mit dem Jungen ins Krematorium, wo sein Großvater aufgebahrt war. Die Stimmung war sehr feierlich, der Tote überaus friedlich; eine große Kerze brannte neben ihm. Mein Enkel betrachtete den Nonno lange andächtig. Dann fragte er mich flüsternd, warum es so kalt wäre in dem Raum. Ich erklärte es ihm, so gut ich konnte. Als wir wieder draußen waren unter dem lichten Frühlingshimmel, sagte mein Enkel: »Der Nonno hat mich aus den Wolken angeschaut und gelächelt.« Wie tief Kindern der Verlust ihrer Großmutter gehen kann, geht aus einem Text von Selma Lagerlöf hervor:[61]

> Als ich fünf Jahre alt war, hatte ich einen großen Kummer. Ich weiß kaum, ob ich seitdem einen größeren gehabt habe. Das war, als meine Großmutter starb. Bis dahin hatte sie jeden Tag auf dem Ecksofa in der Stube gesessen und Märchen erzählt. Ich weiß es nicht anders, als dass Großmutter da saß und erzählte, vom Morgen bis zum Abend, und wir Kinder saßen still neben ihr und hörten zu. Das war ein herrliches Leben. Es gab keine Kinder, denen es so gut ging wie uns. …
>
> Und ich erinnere mich, wie Märchen und Lieder vom Hause wegfuhren, in einen langen schwarzen Sarg gepackt, und niemals wiederkamen. Ich erinnere mich, dass etwas aus dem Leben verschwunden war. Es war, als hätte sich die Tür zu einer ganz schönen, verzauberten Welt geschlossen, in der wir früher frei ein- und ausgehen durften. Und nun gab es niemanden mehr, der sich darauf verstand, diese Tür zu öffnen.

Der Tod eines betagten Großelternteils kann eines der zentralen kritischen Lebensereignisse von Kindern sein. Zu Beginn des 20. Jahrhunderts waren viele Großeltern schon vor der Geburt der Enkelkinder verstorben, deshalb erlebten Kinder damals weniger Todesfälle und Begräbnisse von älteren Familienmitgliedern. Bei der Langlebigkeit heutiger Großeltern ist die Wahrscheinlichkeit erhöht, dass Enkelkinder deren Tod und Begräbnis bewusst miterleben. Allerdings machen sie diese Erfahrung eher im Jugendalter. Drei Viertel der heutigen Zwölf- bis 16-Jährigen haben zumindest den Tod eines Großelternteils erfahren. Oft ist dies ihr erstes konkretes Sterbe- und Todeserlebnis. Wie sie damit umgehen, ist sehr verschieden. Ich kannte einen Jungen, der sich weigerte, die sterbende Großmutter zu besuchen, obwohl er sie liebte. Zu tief ging ihm der Schmerz; die Angst vor dem Verlust war zu groß. Kinder deswegen auszuschließen vom Wissen ums Sterbenmüssen, scheint mir nicht richtig. Als meine Großmutter starb, wurden wir Kinder in ein Kinderheim gegeben und verpassten die ganzen Begräbnisfeierlichkeiten. Als wir zurückkamen, war sie einfach nicht mehr da, was ich kaum fassen konnte. Die Lücke im Erleben ließ sich auch durch den Besuch ihres Grabes nicht ausfüllen. Rituale wie die Beerdigung und die würdigenden Abschiedsworte können Kindern helfen, das Geschehen in ihr Leben einzuordnen. Sie haben auf diese Weise teil an der Familientrauer und fühlen sich nicht ausgeschlossen. Wie man mit ihnen spricht über den Tod und das Leben der Verstorbenen, hängt natürlich von ihrem Alter und ihrem Fassungsvermögen ab. Kleinkinder werden wahrscheinlich besser zu Hause betreut, weil die Eltern zu sehr von der Trauer und dem Kontakt mit den Gästen in Anspruch genommen sind.

»In der Kirche setzen sich die Leute und hören zu. Ich darf deswegen nicht in die Kirche, denn ich höre nicht gerne den anderen Leuten zu.«

Ein anderer Junge, der dagegen gern in die Kirche geht, gibt einer holzgeschnitzten Heiligenfigur ernsthaft die Hand.

Ganz einfach ist es nicht abzuwägen, was für ein Kind zuträglich ist. Als mein Enkel acht Jahre alt war, starb eine ältere Verwandte. Er hatte sie gekannt, hing aber nicht allzu sehr an ihr. Zum Trauergottesdienst wollte er aber mitkommen. Mir war ein bisschen mulmig zumute. Wie würde er den Anblick der Toten ertragen, die vor dem Altar im Sarg aufgebahrt lag? Würde er erschrecken und einen Schock fürs Leben kriegen? Ich wusste ja selber nicht, wie sie aussah. Meine Tochter war mutiger als ich. Sie fragte den Jungen: »Willst du die Tote wirklich sehen?« Als er bejahte, gaben wir ihm die Hand und schritten mit ihm zum Sarg. Ein friedliches, gar nicht entstelltes Angesicht bot sich uns dar. Mein Enkel betrachtete es lange und eindringlich. Als wir wieder im Freien waren, tollte er über die Wiese wie ein Zicklein, als freute er sich doppelt seines Lebens, nachdem er dem Tod ins Gesicht geschaut hatte.

Für Großeltern kann es schmerzlich sein, Abschied nehmen zu müssen, wenn die Enkel noch nicht flügge sind. Die neunzigjährige Dame, die einen Cognac brauchte, um ihre Urgroßmutterschaft zu verkraften, drückte dies so aus: »Mon plus grand chagrin est de ne pas voir grandir ces petits«.[62]

Auch tote Großeltern können eine Hilfe für ihre Enkel sein. Mein Enkel hat den einen Großvater nicht gekannt. Es wurde ihm aber von ihm erzählt, unter anderem, dass er ein begeisterter Segler war. Während eines Sommerurlaubs auf Korfu hatten wir Gelegenheit, mit einem Segelboot eine Fahrt auf dem Meer zu machen. Der Skipper, selber Vater eines Jungen, bot meinem Enkel an, das Steuerrad in die Hand zu nehmen. Er zeigte ihm, wie man Kurs hält, und der Junge blieb eine ganze Stunde als Steuermann auf Posten. Wir wunderten uns über seine Ausdauer und verstanden erst, woher er die Kraft hatte, als er uns anvertraute: »Wisst Ihr, mein Großvater hat mir vom Himmel zugeschaut und gesagt, ich mache es gut.«

Ablösung von den Enkeln

***

Nicht nur von den Kindern, auch von den Enkeln müssen Großeltern sich ablösen. Dies ist ein gegenseitiger Prozess, der die jungen Leute in ihr Leben entlässt, ohne dass die innere Verbindung sich deswegen auflösen müsste.

***

Wenn die Enkel älter werden und in die Pubertät kommen, bahnt sich ein Ablösungsprozess an, ähnlich der Ablösung von den eigenen Kindern. Die Beziehung bleibt erhalten, aber die Form ändert sich. Das kann zunächst eine ganz schön schmerzliche Erfahrung sein.

Am besten habe ich das an den Geburtstagsfesten meines Enkels gemerkt. In den Kleinkinderjahren waren es fröhliche Zusammenkünfte mit Großeltern, Paten und Patinnen, Freundinnen und deren Kindern. Man traf sich an einem Ort, wo man grillen konnte und den Kleinen Sandhaufen und Spielgeräte zur Verfügung standen. Wir hängten Ballons und Girlanden auf; es sah bunt und festlich aus. Die Erwachsenen saßen an Tischen und unterhielten sich, die Kinder spielten miteinander. Ab und zu gab's ein großes Geschrei, weil eines hingefallen war, oder sie stritten sich um einen Ball. Diese Dinge ließen sich aber schnell und unkompliziert schlichten.

Die Fotos dieser heiteren Feste betrachte ich noch heute mit Rührung.

Im Schulalter waren andere Unternehmungen angesagt. Das Geburtstagsessen im Familienkreis blieb bestehen, aber als Fest mit den Kameraden wünschte mein Enkel sich etwa den Besuch eines Schwimmbades. Der Geburtstagskuchen wurde sorgfältig eingepackt und nach dem Schwimmen verzehrt.

Dann fiel das Wort »Party«. »Wir wollen eine Geburtstagsparty machen!« Mein Enkel lud gleichaltrige Kameraden in ein Gemeinschaftszentrum mit Küche ein. Seine Mutter war vollauf mit der Zubereitung des Essens beschäftigt, und ich war zuständig für die Unterhaltung. Die Jungen hatten alle Badehosen und Wasserpistolen mitgebracht, und das erste Vergnügen bestand darin, auf der Wiese umherzurennen und einander pudelnass zu spritzen. »Na ja, sie brauchen Bewegung«, sagte ich mir. Als sie wieder trocken waren, ging's drinnen ebenso weiter: rennen, über Stühle springen, sich knuffen und puffen … »Rabauken«, dachte ich, »so geht das nicht.« Mit der Unterstützung des Geburtstagskindes und großem Stimmaufwand war es mir möglich, einige konstruktive Regeln aufzustellen für die nächsten Stunden und dafür zu sorgen, dass sie eingehalten wurden.

Nach diesem Geburtstagsfest war ich nicht müde und zufrieden wie in den vorhergegangenen Jahren, sondern nur erschöpft. Ich realisierte, dass es vorbei war mit den fröhlichen Kindergeburtstagen und meinen Vorstellungen von Spiel und Unterhaltung. Die Jungen brauchten andere Herausforderungen, um ihr überschäumendes Temperament auszutoben.

Von einem befreundeten Vater hörten wir, dass er seinen Sohn an dessen Geburtstag mit seinen Kameraden in ein Sportzentrum mit Kletterwand führte, wo sie Klimmzüge und Abseilen lernten. Fortan übernahm der Vater meines Enkels die Knabenparty mit Zelten, Feuer machen im Freien und Schnitzeljagden.

Endgültig klar wurde mir die Veränderung an meinem 75. Geburtstag, als mein Enkel zum ersten Mal in dunklem Anzug und weißem Hemd erschien. Ich trug immer noch das Bild des Jungen mit den weichen Gesichtszügen in mir. Jetzt waren sie markanter geworden, die Stimme tiefer, die Gestalt gestreckt – ein junger Mann stand vor mir! Ich hieß ihn innerlich willkommen und spürte gleichzeitig den Abschiedsschmerz von dem Kinderbild, das ich in mir trug. Es war seinerzeit schon schwierig gewesen, auf das süße Knuddelbaby zu verzichten. Jetzt brauchte es einen noch viel größeren Schritt, um meinen Enkel seinen eigenen Weg gehen zu lassen. Ich wusste, er würde jetzt mehr und mehr in die Erwachsenenwelt eintauchen, in die Welt der Arbeit und des Geschlechts, und er würde seine Erfahrungen machen darin, süße und bittere. Es würde seine Privatsphäre sein und nur von ihm abhängen, ob er mir etwas davon mitteilen möchte. Knabenmütter, mit denen ich meine Erfahrung austauschte, verstanden meine Gefühle sofort. Sie hatten sich von den Söhnen auf ähnliche Weise ablösen müssen.

Was tun wir für die Zukunft unserer Enkel?

Ziemlich viele der von mir befragten Großeltern äußerten sich im Zusammenhang mit der globalen Situation besorgt über die Zukunft ihrer Enkel. In dem Kapitel »Was Großeltern ihren Enkeln mitgeben möchten« erscheint unter dem Aspekt der Lebenskompetenz auch die Hoffnung, den Enkeln ein Gefühl zu vermitteln, dass sie Teil eines größeren Ganzen sind und deshalb Mit-Verantwortung übernehmen können am Zustand unseres Planeten.

Im Traum einer Fünfjährigen spiegelt sich das Mitgefühl eines Kindes für die Not der Welt, von der in ihrer Umgebung gesprochen wird. Sie träumt, dass viele Menschen Hunger leiden und Wolldecken brauchen. Sie bringt ihnen Wolldecken und zu essen. Dieselbe Kleine zündet eines Abends ein Zündhölzchen an und spricht ein Gebet: »Lieber Gott, ich will, dass du machst, dass es keinen Krieg mehr gibt.« Darauf löscht sie das Flämmchen aus, legt sich in ihr Bett und schläft entspannt ein.

Dieses Kind war besonders empfänglich für das Leiden anderer Menschen. Zum Glück besaß es eine robuste Natur, die ihm half, die Eindrücke des Tages im Traum zu verarbeiten und im Gefühl kindlicher Allmacht Gott zu befehlen, er solle dafür sorgen, dass es keinen Krieg mehr gäbe.

Wir Erwachsenen haben dieses Allmachtsgefühl längst nicht mehr. Wir wissen, dass wir nicht mit einem Zauberstab die Welt verändern können, und manchmal fallen wir deswegen in Gefühle von Hilflosigkeit und Ohnmacht. Diese Gefühle kommen in dem Gedicht einer sorgenvollen Großmutter zum Ausdruck:

Warum
kann ich nicht
selig alt werden
wie meine Großmutter,
die muntere Witwe,
von Sorgen befreit,
der Enkel sich freuend,
geschäftig in Garten und Haus?

Warum
muss ich dauernd
die dunkle Wolke
über der Menschheit
hängen sehen,
die drohende Wolke
aus Mangel
an Wasser und Luft?

Warum
muss ich kosten
zur bitteren Neige
das leidvolle Wissen:
Ich kann meine Enkel
davor nicht schützen?

Eine solche Anwandlung von Mutlosigkeit und Angst befiel mich nach der Katastrophe von Tschernobyl, als ganze Gebiete radioaktiv verseucht waren und man die Kinder möglichst im Haus behalten musste und ihnen keinen grünen Salat geben durfte. Ich stellte mir vor, mein Enkel würde mich dereinst fragen: »Und? Was hast du dagegen unternommen?« Der Gedanke war mir unerträglich, antworten zu müssen: »Nichts. Ich habe es resigniert hingenommen.«

Auf Elektrizität konnte ich nicht gut verzichten, aber Aufklärungsarbeit leisten, das lag im Bereich meiner Möglichkeiten. Zusammen mit einer Freundin organisierte ich eine Gruppe von Menschen, die bereit waren, aktiv für den Umweltschutz einzutreten. Wir luden Augusto Boal[63] ein, den brasilianischen Regisseur und Gründer des »Théâtre de l'opprimé« mit der Bitte, uns in politisches Theater einzuführen. Boal selber war in Brasilien auf der Bühne gegen gesellschaftliche Ungerechtigkeiten angetreten und hatte Methoden entwickelt, mit schauspielerischen Mitteln die Missstände aufzuzeigen. In der Folge trat unsere Gruppe während einiger Jahre öffentlich mit Szenen auf, welche die Folgen von Atomkraftwerken, Luft- und Wasserverschmutzung, Baumsterben,

Überdüngung der Böden, unmenschliche Käfighaltung und unsinnige Transporte von Nahrungsmitteln zum Thema hatten. Die Tätigkeit gab mir das Gefühl, einen Beitrag zu leisten für die Lebbarkeit auf unserem Planeten in der Zukunft, die unseren Enkeln gehört.

In dem Buch von Helga Gürtler »Kinder lieben Großeltern«[64] findet sich als Abschluss ebenfalls ein Aufruf an Großeltern, sich einzusetzen für die Umwelt, die wir unseren Nachfahren hinterlassen.

> Wer Enkelkinder liebt, dem kann es nicht gleichgültig sein, wie die Welt aussehen wird, wenn die Enkel erwachsen sind.
>
> Diese Welt ist zur Zeit in einem recht desolaten Zustand, ob wir da an ökologische Themen denken – Ozonloch, brennende Regenwälder, Klimaveränderung, Umweltgifte – oder an gesellschaftspolitische – immer mehr Arme, keine Arbeit, zusammenbrechende Rentensysteme. In Wirtschaft und Politik scheint vielfach das Motto zu gelten: Nach uns die Sintflut. Wie soll das weitergehen, wenn wir nicht mehr dagegen tun?
>
> Großeltern tun etwas für ihre Enkel, wenn sie lieber mal mit Bus und Bahn statt mit dem Auto fahren, wenn sie Pfandflaschen kaufen statt Wegwerfflaschen oder Dosen, wenn sie sparsam mit Strom umgehen. Darüber hinaus gibt es noch viele Möglichkeiten, sich für kommende Generationen zu engagieren. Manche kirchliche Institution, die Geld gegen Hunger sammelt, manche Bürgerinitiative, die ein verkehrsberuhigtes Wohngebiet erstreiten möchte, freut sich über jeden Helfer. Wer in einer Partei mitarbeitet, wer sich in den Gemeinderat wählen lässt, kann auch in der Politik mitmischen.

Sie haben viel mehr Erfahrung als Jüngere und hoffentlich noch viel Energie. Was also hält Sie zurück? Denken Sie, Ihre Meinung will ja doch keiner hören? Die da oben machen ja doch, was sie wollen? Woher wollen Sie das wissen? Probieren Sie es doch einfach aus.

Sie tun sich damit auch noch selber einen Gefallen. Sie bleiben aktiv und können sich darüber freuen, gebraucht zu werden.

Ich denke, dass es viele verschiedene Möglichkeiten gibt, etwas zu tun für die Welt unserer Enkel. Was mir jedoch unerlässlich scheint, ist die Qualität der Achtsamkeit im eigenen Leben, nach innen wie nach außen.

Der vietnamesische Zen-Meister Thich Nhat Hanh[65] sagt darüber:

> Die grundlegende Investition, der Schlüssel zur Transformation Ihres Alltags, ist Achtsamkeit. Achtsamkeit ist die Energie des Gewahrseins. Sie ist die in uns allen vorhandene Fähigkeit, vollkommen präsent zu sein und wahrzunehmen, was in uns und um uns herum geschieht. Sie ermöglicht das Wunder, in jedem Augen-blick wirklich lebendig zu sein. Und sie bildet die wesentliche Grundlage für unsere Heilung und Verwandlung, für die Schaffung größerer Harmonie in unseren Familien, bei der Arbeit und der Gesellschaft. Achtsamkeit … bildet auch die Grundlage für unser Handeln in der Welt, das unsere wahre Macht widerspiegelt.

Nachwort

Während meiner Arbeit an diesem Buch habe ich eine Erkenntnis über Großelternschaft gewonnen, die ich anhand einer kleinen Geschichte illustrieren möchte. Ich habe sie bei Anthony de Mello[66], dem indischen Weisheitslehrer, gefunden.

> Ein Student kommt in eine Buchhandlung und verlangt ein Anatomie-Buch. Der Buchhändler reicht ihm das Verlangte. Der Student schmökert darin und beschwert sich: »Haben Sie nichts Neueres? Dies hier ist ja mehr als zehn Jahre alt.« Der Buchhändler lächelt: »In den letzten zehn Jahren kamen zum menschlichen Skelett keine neuen Knochen hinzu, mein Lieber.«

Als mir die Idee kam, ein Buch über Großelternschaft in unserer Zeit zu schreiben – angeregt durch meine eigenen Erfahrungen als Großmutter – hatte ich die Vorstellung, dass Großeltern und Enkel heute in einer Welt leben, die sich so sehr von der Jugendzeit der Älteren unterscheidet, dass womöglich der Kontakt zwischen den Generationen erschwert sein könnte. Herausgefunden habe ich, dass wohl der Sprung in die von Elektronik beherrschte Welt der Enkel groß ist, dass aber für das Beziehungsfeld immer noch dieselben Regeln gelten: Zeit miteinander zu verbringen, gemeinsame Erlebnisse, Anteilnahme, Austausch, Verständnis für die Nöte der Jüngeren,

Rückhalt zu geben: All diese Dinge sind auch heute die Grundlage für ein gutes Band zwischen den Generationen.

Auch das Phänomen der Patchworkfamilien muss nicht unbedingt trennend wirken. Es kompliziert oft den Umgang mit den verschiedenen Familienmitgliedern und schafft schwierige Situationen mit vermehrten Loyalitätskonflikten, aber ich habe gefunden, dass Menschen mit Lebenserfahrung erstaunlich gut damit zurechtkommen und zum Teil Lösungen finden, die sehr viel menschlicher, toleranter und integrativer sind, als ich mir vorstellen konnte.

Die Tatsache, dass Großeltern heute anders alt werden können als ihre eigenen Vorfahren, bringt eine Generation von lebendigen, interessierten und informierten älteren Erwachsenen hervor, die ihren Enkeln Begleiter während ihrer Kindheit und Jugend sein können in einer nicht ganz einfachen Zeit.

Dank

Ich danke in erster Linie meiner Tochter Katharina, die mir das Glück ermöglichte, Großmutter zu sein, und die mich an der Entwicklung und dem Leben ihres Sohnes aus nächster Nähe teilhaben ließ.

Ich danke auch den befreundeten Großmüttern und Großvätern, die mit mir in aller Offenheit über die Freuden und Sorgen mit ihren Enkeln gesprochen haben und die mir erlaubten, das mir Anvertraute weiterzugeben. Die meisten von ihnen sind jünger als ich. Sie haben aber doch schon den Geschmack des Älterwerdens gekostet und die Erfahrung gemacht, dass sie zur obersten lebenden Generation der Familie geworden sind. Sie sind mir WeggefährtInnen in ihrer Zuneigung zu der Enkelgeneration, der sie das Beste mitgeben wollen, was sie an Werten anzubieten haben.

Enkelkinder verblüffen uns immer wieder mit ihren gelungenen Aussprüchen, ihrer Offenheit in dem, was sie uns entgegensetzen, wenn wir sie verkennen, und manchmal auch mit ihrem sicheren Wissen, das an Hellsichtigkeit grenzt. Die interviewten Großeltern haben mir einige lustige, berührende oder frappierende Beispiele vermittelt, von denen eine kleine Auswahl Eingang in dieses Buch gefunden hat. Danke auch hierfür!

Dass in dem Buch ein leichtes Übergewicht an Großmütteraussagen besteht, liegt daran, dass ich selber eine Frau bin und mehr Großmütter als Großväter kenne. Ich bitte die männliche Hälfte von Großeltern, mir das nachzusehen. Die Interviews waren eine große Bereicherung in meinem Leben. Ich bedaure, dass ich nicht die ganze Fülle der Mitteilungen aufnehmen konnte.

In jedem der Gespräche tat sich jeweils ein neues Feld mit anderen Schwerpunkten auf. Alle führten aber in Herzenstiefen und steuerten auf ihre Weise zu den Kapiteln bei, die sich in meinem Inneren formten. Dasselbe gilt auch für die Begegnungen mit Menschen, die ich vorher nicht kannte und die sich gleichwohl für meine Fragen öffneten. Die Großeltern, denen ich begegnet bin, waren allesamt Liebende, die sich zum Teil rührend für ihre Enkelkinder engagierten.

Mein Dank gilt aber auch den Menschen, welche – freiwillig oder unfreiwillig – keine Enkel haben werden. Sie ließen mich teilhaben an der – manchmal schmerzlichen – Tatsache, ohne Enkel zu leben, und sie haben mir köstliche Erinnerungen an ihre eigenen Großeltern mitgeteilt.

Anhang

Zum Interviewverfahren der von mir befragten Großeltern

Die interviewten Großeltern

Die Gruppe setzte sich aus 25 Großmüttern und 16 Großvätern zusammen. Davon waren zehn Paare. Die meisten waren zwischen 54 und 58 Jahre alt, als sie zum ersten Mal Großeltern wurden. Die jüngsten zwei zählten 47 und 49 Jahre, die beiden ältesten 72 und 74 Jahre, als sie erstmals Enkel bekamen.

Alle Großeltern zusammen hatten 67 Enkel, wovon 36 Mädchen und 31 Knaben waren. Das Alter der Enkelkinder reichte von knapp einem Jahr bis ins Erwachsenenalter (bei Partnerenkeln).

Die einzelnen Großeltern hatten im Minimum ein Enkelkind, im Maximum zwölf. Inzwischen sind bereits neue Babys hinzugekommen.

Partnerenkel hatten zwölf von den befragten Großeltern.

Enkellos waren acht Befragte (sechs Frauen und zwei Männer).

16 der Befragten hatten lebhafte Erinnerungen an ihre eigenen Großeltern.

Fragebogen und Begleitbrief für die Interviews

Der von mir verwendete Fragebogen wird hier in der Du-Form abgedruckt; für mir unbekannte Personen wurde eine Variante in der Höflichkeitsform verwendet.

FRAGEBOGEN FÜR GROSSMÜTTER/GROSSVÄTER

- ❑ Wie war deine innere Reaktion auf die Nachricht, dass ein Enkelkind unterwegs ist?
- ❑ Wie war es für dich, als du es zum ersten Mal gesehen hast?
- ❑ Was bedeutet dir die Beziehung zu deinem Enkelkind/deinen Enkelkindern?
- ❑ Wie wirkt sich ihr Dasein auf dein Leben aus? Hat ein Enkel/eine Enkelin dich dazu gebracht, etwas Wesentliches in deinem Leben zu verändern?
- ❑ Worin siehst du deine Bedeutung für sie?
- ❑ Was ist das Wichtigste, was du ihnen mitgeben möchtest?
- ❑ Hast du selbst deine Großeltern gekannt? Was hast du von ihnen bekommen? Was war das Wichtigste?
- ❑ Gibt es einen Unterschied in deiner Beziehung zu deinem Enkel und deiner Enkelin? (Falls du Enkel beiderlei Geschlechts hast.)
- ❑ Gibt es Unterschiede, ob dein(e) Enkel das Kind/die Kinder deines Sohnes oder deiner Tochter sind? (Falls du Kinder beiderlei Geschlechts hast und beide Kinder haben.)
- ❑ Gibt es in deiner Familie spezielle Stärken respektive spezifische Schwächen (z.B. Krankheiten, Abhängigkeiten, [selbst-]destruktives Verhalten usw.)?

- ❑ Wenn du die Familien deiner Söhne/Töchter anschaust, kommen dir darin vertraute Familienmuster entgegen? Wie reagierst du auf sie?
- ❑ Wie ist deine Beziehung zu den anderen Großeltern?
- ❑ Wie schätzt du ihren Einfluss auf die Familien deiner Kinder ein?
- ❑ Gibt es erkennbare Muster, die aus der Familie deiner Schwiegertochter/deines Schwiegersohnes stammen? Wie gehst du damit um?
- ❑ Was macht dir Mühe im Umgang mit deinen Enkeln?
- ❑ Wie kommst du mit dem Thema »Grenzen setzen« ihnen gegenüber klar und wie mit dem Prinzip des »Nicht-Einmischens«?
- ❑ Vertrittst du offen deine Meinung, wenn sie von den Eltern der Enkel nicht geteilt wird? Dürfen die Enkel das mitbekommen?
- ❑ Vertrauen sie dir Geheimnisse an? Wie gehst du damit um? (Loyalität gegenüber ihren Eltern)
- ❑ Gibt es Anekdoten über deine Enkel? (Lustige oder interessante Begebenheiten, die dir in Erinnerung geblieben sind.)

BEGLEITBRIEF ZUM FRAGEBOGEN

Für mir nicht näher bekannte Großeltern wurde der Brief in der Höflichkeitsform abgefasst und je nachBedarf abgeändert.

Liebe ______________________________

vielleicht habe ich dir schon gesagt, dass ich ein neues Buch schreibe. Der Arbeitstitel lautet: »Der Schatz der Ahninnen«, und ich will darin den Dialog zwischen den Generationen beschreiben. Einerseits geht es darum, die Verbindung zum Erbe (eben den Schatz) der Vorfahren nicht zu verlieren, und andererseits, sich über die einschränkenden Familienmuster bewusst zu werden.

Weil ich die Stellung und die Wichtigkeit der Großeltern als der Ahnen mit dem direktesten Einfluss gebührend würdigen möchte, suche ich nach Beiträgen, die Erfahrungen von Großeltern mit ihren Enkeln, aber auch mit ihren eigenen Großeltern wiedergeben.

Ich habe deshalb einen Fragebogen entworfen, der die wesentlichen Beziehungsgebiete im Feld von Großeltern/Enkeln/Familie enthält. Das heißt aber auf keinen Fall, dass du alle die Fragen beantworten sollst. Sie sind nur als Anregung gedacht. Vielleicht sind dir selber auch ganz andere Aspekte deiner Beziehung zu deinen Enkeln wichtig.

Wenn du dir die Zeit nehmen möchtest, würde ich gerne ein Gespräch mit dir haben über das Thema, und ich wäre froh, wenn du mir erlauben möchtest, es aufzuzeichnen. Selbstverständlich werde ich nichts veröffentlichen, was du nicht zur Veröffentlichung freigeben möchtest. Ich stelle mir vor, dass ich dir den Text, der dich betrifft, zum Lesen gebe und dir anschließend das Band wieder zustelle. (Vielleicht zum späteren Abhören für deine Enkel?)

Ich lege dir den Fragebogen bei und melde mich bei dir in zwei, drei Wochen, um zu erfahren, ob wir einen Gesprächstermin abmachen können. Ich würde mich natürlich sehr freuen über ein Treffen mit dir, abgesehen vom Gesprächsthema!

Ganz herzliche Grüße
Elisabeth

Zuguterletzt

Liebe Leserinnen und Leser, das vorliegende Buch ist ein Versuch, aus dem Material, das mir zur Verfügung stand, einen Ausschnitt aus der Realität heutiger Großeltern zu zeigen.

Ich bin neugierig, was Sie als Großeltern oder Nicht-Großeltern mit dem Thema für Erfahrungen machen. Bitte lassen Sie mich wissen, wenn Sie andere oder in dem Buch unerwähnt gebliebene Erfahrungen mit Ihren Enkeln oder anderen Kindern der Enkelgeneration gemacht haben.

Dafür danke ich Ihnen herzlich.

KONTAKTADRESSE

Zentrum für Form und Wandlung, Zürich

Leitung: Dr. Irène Kummer und Dipl. Psych. Elisabeth Schlumpf

Organismisch-integrative Psychotherapie OIP

Frohburgstr. 80, CH – 8006 Zürich

Tel.: +41 44 261 9802, Fax: +41 261 9803

E-Mail: oip@bluewin.ch

www. oip-zfw.com

Der Chegeleboum von Margrit Hauser in Berndeutsch und das Enkelgedicht von Elisabeth Schlumpf nach Züricher Mundart

Der Chegeleboum

Der Chegeleboum het gärn gnue Platz für sich. We n'er das nid het, chan er sogar chrank wärde. U eigetlich isch er o nid gärn elei, am liebschte natürlech bi angere Chegeleböim.

Früecher hei d'Chegele keni Stachle gha. Um d'Chegele ume hets e grüeni Schinti gha wie bi de Boumnüss. We's sunnigs Wätter isch gsi, sy si schnäll wunderbar ryf worde. Es het aber e Zyt gä, da hets viu grägnet. We si de i ds nasse Gras abegheit sy, so sy si haut mängisch verfulet, wüu die Schinti isch nass worde, u dermit die arme Chegele, wo – angers aus d'Boumnüss – nume mit eme fyne Chleid si dört inne gläge.

U die Chegelchind sy haut nid zfride gsi mit em Boum. Sie hei dänkt, är sig schuld dranne. »Du wosch schließlech o e guete, sunnige Platz, süsch reklamiersch«, hei si gseit. »Drum wei mir o ne sichere Ort zum ryf Wärde.« Der Boum hets ghört, isch aber rächt hilflos gsi. Är het nid gwüsst was mache. Im nächschte Jahr hets keni Chegele gha, wüu s'chaut isch gsy, wo d'Bieni gfloge sy. U im übernächschte Jahr sy bi däm nasse Wätter ganz viu verfulet.

»So cha das nid wyterga«, het der Boum dänkt, und är het d'Boumfee um Hilf bittet. U die het sofort en Idee gha. U si het der Chegeleschinti Chraft gä, dass sie het chönne Stachle la wachse. Drum sy d'Chegele nachhär ganz weich i ds Gras gheit u fasch nümme nass worde. Wie chlini Igeli sy si dört gläge u niemer het se chönne näh oder alänge. We's Zyt isch gsy u si ganz ryf sy gsy, de sy si säuber ufgange, u s'isch so schön gsy z'gseh, wie si glänzt u sech ir Schale umarmt hei. Dr Boum het Freud gha u d'Chegele aui o. Si hei der Chegelefee danket.

Vo denn a wachse uf der Chegelschinti viu spitzigi Stachle, dass die schön brun glänzige Chegeleching guet chöi wachse u ryfe.

Min Änkel

Mis Chnü isch besser und
ich ha wider meh Zit.
Grad hät min Änkel aglüte
und hät gfröget:
Chunsch am Sunntig zun eus?
Er well mer s nöi Velo zeige
und e nöis game heb er au.
De verflixti game-boy! E richtigs Suchtmittel.
Aber ihm gfallts
und ich spiele mängmal au mit.
Nur isch er vil gschickter als ich.

Letschthi isch er zu mir cho
und hät mis Chinderbuech
vom Schneewittli entdeckt.
Er hät die Gschicht welle ghöre
und ich ha sie ihm verzellt.
Am Schluss han ich gmerkt:
En richtige Krimi
nüd so wit ewäg vo de hütige DVDs.

Ja, min Änkel zeigt mir, mit was es Chind ufwachst hüt,
und dass es gar nöd eifach isch,
en junge Ma z' werde'
in eusere Gsellschaft.

Vorläufig isch er en richtige Bueb,
fahrt umenand mit em Velo,
trifft anderi Buebe
und chunt mit Schramme und Chratzer hei.

Aber z Abig, wänns as Schlafe gaht,
wird er stiller
und chan ganz tüfsinnige Frage stelle:
Was isch Fründschaft?
Was isch Liebi?
Wüssed Ihr en Antwort?

Literatur

Améry, Jean: Über das Alter. Revolte und Resignation. Stuttgart 2001

Auhagen, Ann Elisabeth: Positive Psychologie. Anleitung zum »besseren« Leben. Weinheim und Basel 2004

Ariès, Philipp: Geschichte des Todes. München, Neuauflage 1999

Backes, Gertrud; Clemens, Wolfgang: Lebensphase Alter. Eine Einführung in die sozialwissenschaftliche Alternsforschung. Weinheim 1998

Balaska, Janet: Aktive Geburt. Ein praktischer Ratgeber für junge Eltern. München 1993

Bauer, Jutta: Opas Engel. Hamburg 2001

Bauer, Tobias; Strub Silvia: Ohne Krippe Grosi stünde Vieles still. Forum Familienfragen der Eidgenössischen Koordinatskommission für Familienfragen. Solothurn 11.9.2002

Beauvoir, Simone de: Das Alter. La vieillesse. Reinbek b. Hamburg, Neuausgabe 2000

Beck-Gernsheim, Elisabeth: Das halbierte Leben. Männerwelt Beruf, Frauenwelt Familie. Frankfurt am Main 1985

Beck-Gernsheim, Elisabeth: Auf dem Weg in die postfamiliale Familie. Von der Notgemeinschaft zur Wahlverwandtschaft. In: Ulrich Beck/Elisabeth Beck-Gernsheim (Hrsg.): Riskante Freiheiten. Individualisierung in modernen Gesellschaften. Frankfurt am Main 1994

Beck-Gernsheim, Elisabeth: Die Kinderfrage heute. Über Frauenleben, Kinderwunsch und Geburtenrückgang. München 2006

Becker, Natascha: Leben in der Patchwork-Familie. So gelingt der Familienmix. Köln 2005

Bergmann, Wolfgang; Hüther, Gerald: Computersüchtig. Kinder im Sog der modernen Medien. Düsseldorf 2006

Berkel, Karl: Konflikttraining. Konflikte verstehen, analysieren und bewältigen. Frankfurt am Main 2005

Bobbio, Norberto: Vom Alter – De senectute. Berlin 2004

Boothe, Brigitte; Ugolini, Bettina: Lebenshorizont Alter. Zürich 2003

Brecht, Bertolt: Die unwürdige Greisin. Frankfurt am Main 1990

Brenner, Gerd; Grubauer, Franz: Typisch Mädchen? Typisch Junge? Persönlichkeitsentwicklung und Wandel der Geschlechterrolle. Weinheim und München 1991

Brisch, Karl Heinz; Hellbrügge, Theodor (Hrsg.): Bindung und Trauma. Entwicklung und Schutzfaktoren für die Entwicklung von Kindern. Stuttgart 2003
Buber, Martin: Das dialogische Prinzip. Ich und Du. Zwiesprache. Die Frage an den Einzelnen. Elemente des Zwischenmenschlichen. Zur Geschichte des dialogischen Prinzips. Gütersloh 2002
Bürgisser, Margret; Baumgarten, Diana: Kinder in unterschiedlichen Familienformen. Zürich/Chur 2006
Burkhard, Gudrun: Die Freiheit im dritten Alter. Biographische Gesetzmäßigkeiten im Leben ab 63. Stuttgart 2004
Canetti, Elias: Über den Tod. München, Wien 2003
Chamberlain, David: Woran Babys sich erinnern. Über die Anfänge unseres Bewusstseins im Mutterleib. München 2010
Csikszentmihalyi, Mihaly: Flow. Das Geheimnis des Glücks. Stuttgart 2001
Dechmann, Birgit; Ryffel, Christiane: Vom Ende zum Anfang der Liebe. Ein Leitfaden für die systemische Beratung und für Paare, die zusammenbleiben wollen. Weinheim und Basel 2001
Dechmann, Birgit; Schlumpf, Elisabeth: Lieben ein Leben lang. Wie Beziehungen immer besser werden. Weinheim 2008
Duden: Das Fremdwörterbuch. Mannheim, Wien, Zürich l982
Duden Taschenbücher: Lexikon der Vornamen. Mannheim 1998
Dusolt, Hans: Oma und Opa können helfen. Was Großeltern bei Trennung oder Scheidung tun können. Weinheim und Basel 2004
Eckardt, Jo: Kinder und Trauma. Was Kinder brauchen, die einen Unfall, einen Todesfall, eine Katastrophe, Trennung, Missbrauch oder Mobbing erlebt haben. Göttingen 2005
Friedan, Betty: Mythos Alter. Reinbek b. Hamburg 1995
Egli, Edith: Sonnenstrahlen und Regentropfen. Zürich 2008
Einmal und nicht mehr. Schriftsteller über das Alter. Herausgegeben von Thomas Steinfeld. München 2002
Ennulat, Gertrud: Enkelkinder fordern uns heraus. Wie die Beziehungen zwischen Kindern, Eltern und Großeltern gelingen können. Stuttgart 2004
Erikson, Erik H.: Identität und Lebenszyklus. Frankfurt am Main 1976
Familien: Alles bleibt, wie es nie war. Katalog zur gleichnamigen Ausstellung im Schweizerischen Landesmuseum: 16.Mai bis 14. September 2008

Fooken, Insa; Zinnecker, Jürgen: Trauma und Resilienz. Chancen und Risiken lebensgeschichtlicher Bewältigung von belasteten Kindheiten. Weinheim und München 2007
Gammer, Carole: Die Stimme des Kindes in der Familientherapie. Heidelberg 2007
Geissler, Christa; Held, Monika: Generation Plus. Von der Lüge, dass Altwerden Spaß macht. Berlin 2003
Glasl, Friedrich: Konfliktfähigkeit statt Streitlust. Dornach 2006
Göckenjan, Gerd: Das Alter würdigen. Altersbilder und Bedeutungswandel des Alters. Frankfurt am Main 2000
Gottman, John M.: Lass uns einfach glücklich sein. Der Schlüssel zu einer harmonischen Partnerschaft. München 1995
Großmann, Karin und Klaus E.: Bindungen, das Gefüge psychischer Sicherheit. Stuttgart 2004
Grün, Anselm: Die hohe Kunst des Älterwerdens. Münsterschwarzach 2007
Guardini, Romano: Die Lebensalter. Ihre ethische und pädagogische Bedeutung. Mainz 2001
Gürtler, Helga: Kinder lieben Großeltern. Ein Ratgeber für das Leben mit Enkeln. München 2000
Hauser, Margrit: Der Kastanienbaum. Eine unveröffentlichte Geschichte
Händeler, Erik: Die Geschichte der Zukunft. Sozialverhalten heute und der Wohlstand von morgen. Moers 2003
Heimberg, Liliana; Köchli, Yvonne-Denise: Muttermilch auf seinem Laptop. 43 Jonglierversuche im Dreieck von Liebe, Kind und Beruf. Zürich 1999
Herlyn, Ingrid: Großmutterschaft im Mehrgenerationenzusammenhang. Eine empirische Untersuchung aus der Sicht von Großmüttern. In: Zeitschrift für Familienforschung 10/1, 27-45
Herrmann, Christine: Großmutter – große Mutter. Stereotypen über die ältere Frau in der Kinder- und Jugendliteratur. Frankfurt am Main 1992
Hesse, Hermann: Mit der Reife wird man immer jünger. Betrachtungen und Gedichte über das Alter. Frankfurt am Main 1990
Hillman, James: Vom Sinn des langen Lebens. Wir werden, was wir sind. München 2001
Höpflinger, François; Stückelberger, Astrid: Demographische Alterung und individuelles Altern. Ergebnisse aus dem nationalen Forschungsprogramm. Zürich 2000

Höpflinger, François: Altsein in der Schweiz – Entwicklung und Gegenwart. In: Pro Senectute Schweiz (Hrsg.): Hat die Solidarität der Generationen Zukunft? Zürich 2001

Höpflinger, François; Hugentobler, Valérie: Pflegebedürftigkeit in der Schweiz. Prognosen und Szenarien für das 21. Jahrhundert. Bern 2004

Höpflinger, François; Hugentobler, Valérie: Familiale, ambulante und stationäre Pflege im Alter – Perspektiven für die Schweiz. Bern 2005

Höpflinger, François; Hummel, Cornelia; Hugentobler, Valérie: Enkelkinder und ihre Großeltern. Intergenerationelle Beziehungen im Wandel. Zürich 2006

Imber-Black, Evan; Roberts, Janine; Whiting, Richard A. (Hrsg.): Rituale. Rituale in Familien und Familientherapie. Heidelberg 2001

Jäggi, Eva; Hollstein, Walter: Wenn Ehen älter werden. Liebe, Krise, Neubeginn. München 2000

Jäggi, Eva: Viel zu jung, um alt zu sein. Das neue Lebensgefühl ab sechzig. Reinbek b. Hamburg 2001

Jäggi, Eva: Tritt einen Schritt zurück und du siehst mehr. Gelassen älter werden. Freiburg 2005

Jansen, Birgit u.a.: Soziologische Gerontologie. Weinheim 1999

Janus, Ludwig; Haibach, Sigrun (Hrsg.): Das Leben vor der Geburt. Neu Isenburg 1997

Kaplan ,Louise J.: Die zweite Geburt. Die ersten Lebensjahre des Kindes. München 1993

Käppeli, Klaus: It's a joy to get to know you. Unveröffentlichtes Baby-Tagebuch 2008

Kast, Verena: Der schöpferische Sprung. Vom therapeutischen Umgang mit Krisen. Düsseldorf 1994

Kast, Verena: Freude, Inspiration, Hoffnung. München 1997

Kast, Verena: Trauern. Phasen und Chancen des psychischen Prozesses. Stuttgart 2002

Katz, Anne Rose: Die Freiheit der späten Jahre. München 1995

Keleman, Stanley: Lebe dein Sterben. Salzhausen 1999

Kersten, Detlev: Cartoons für Großeltern. Oldenburg 2005

Kitzinger, Sheila: Ein Leben beginnt. Die Geschichte der neunmonatigen Reise. München 1987

Kohli, Martin; Künemund, Harald (Hrsg.): Die zweite Lebenshälfte – Gesellschaftliche Lage und Partizipation im Spiegel des Alters-Surveys. Leverkusen 2000
Krappmann, Lothar: Brauchen junge Menschen alte Menschen? In: Lothar Krappmann/Annette Lepenies (Hrsg.): Alt und Jung. Spannung und Solidarität zwischen den Generationen. Frankfurt am Main 1997
Kruse, Andreas: Was stimmt? Alter. Die wichtigsten Antworten. Freiburg i.Br. 2007
Kübler-Ross, Elisabeth: Reif werden zum Tode. München 2003
Kummer, Irène: Wendezeiten im Leben der Frau. Krisen als Chance zur Wandlung. München 1989
Kummer, Irène: Ich bin die Frau, die ich bin. Eine lebendige Beziehung zu sich und anderen finden. München 1991
Kummer, Irène: Das Babuschka-Prinzip. München 1993
Kummer, Irène: Im Mittelpunkt meines Lebens. München 2000
Lagerlöf, Selma: Die schönsten Legenden. München 1975
Lauterbach, Wolfgang: Die gemeinsame Lebenszeit von Familiengenerationen. In: Zeitschrift für Soziologie, 24/1, 22-41. 1995
Lauterbach, Wolfgang: Kinder in ihren Familien. Lebensformen und Generationengefüge im Wandel. In: AndreasLange/WolfgangLauterbach (Hrsg.): Kinder in Familie und Gesellschaft zu Beginn des 21. Jahrhunderts. Stuttgart 2000
Largo, Remo H.: Babyjahre. Entwicklung und Erziehung in den ersten vier Jahren. München 1995
Lenz, Karl (Hrsg.): Die alternde Gesellschaft. Problemfelder gesellschaftlichen Umgangs mit Altern und Alter. Weinheim 1999
Luke, Helen M.: Sinn des Alters. Einsiedeln 2001
Lüscher, Kurt; Liegle, Ludwig: Generationenbeziehungen in Familie und Gesellschaft. Konstanz 2003
Magazin des Tages-Anzeiger Zürich: Artikel von Birgit Schmid. Ausgabe vom 3.5. 2008
Matz, Sandra (Hrsg.): When I am an old woman, I shall wear purple. Watsonville, California 1991
Mayer,Karl-Ulrich; Baltes, Paul B.: Die Berliner Altersstudie. Berlin 1999
Meves, Christa: Großeltern-ABC. Was man wissen muss, um mit Kindern und Enkeln glücklich zu werden. Stein a. Rhein 2004

Niejahr, Elisabeth: Alt sind nur die anderen. So werden wir leben, lieben und arbeiten. Frankfurt am Main 2004

Neumann, Ursula: Wenn die Kinder klein sind, gib ihnen Wurzeln, wenn sie groß sind, gib ihnen Flügel. München 2006

Nilsson, Lennart: Ein Kind entsteht. Der Bildband. München 2009

Onken, Julia: Altweibersommer. Ein Bericht über die Zeit nach den Wechseljahren. München 2002

Perrig-Chiello, Pasqualina; Höpflinger, François: Wohlbefinden im Alter. Körperliche, psychische und soziale Determinanten und Ressourcen. Weinheim 1997

Perrig-Chiello, Pasqualina; Höpflinger, François: Jenseits des Zenits. Frauen und Männer in der zweiten Lebenshälfte. Bern 2000

Petzold, Hilarion G.: Mit alten Menschen arbeiten. Teil 1 und 2. Stuttgart 2004/05

Pfisterer, Eva; Mauss, Susanne: Sanfte Geburt. Österreichische Staatsdruckerei 1994

Pinkola, Clarissa: Der Tanz der Großen Mutter. Von der Jugend des Alters und der Reife der Jugend. München 2007

Piontella, Alessandra: Vom Fetus zum Kind. Stuttgart 1996

Pollack, William F.: Jungen. Was sie vermissen, was sie brauchen. Weinheim, Basel, Berlin 2003

Radebold, Hartmut: Psychosomatische Sicht Alternder. In: Thure v. Uexküll (Hrsg.): Psychosomatische Medizin. München 1988

Riemann, Fritz; Kleespies, Wolfgang: Die Kunst des Alterns. Reifen und Loslassen. Stuttgart 1981

Rosenberg, Marshall B.: Gewaltfreie Kommunikation: Eine Sprache des Lebens. Paderborn 2002

Sheehy, Gail: Wechseljahre – na und? München 1995

Schipperges, Heinrich: Sein Alter leben. Wege zu erfüllten späten Jahren. Freiburg 1986

Schirrmacher, Frank: Das Methusalem-Komplott. Die Menschheit altert in unvorstellbarem Ausmaß. Wir müssen das Problem unseres eigenen Alterns lösen, um das Problem der Welt zu lösen. München 2004

Schlaffer, Hannelore: Das Alter. Ein Traum von Jugend. Frankfurt am Main 2003

Schlumpf, Elisabeth; Werder Heidi: Immer für andere da. Wege aus der Überverantwortlichkeit. München 2000

Schlumpf, Elisabeth: Wenn ich einst alt bin, trage ich Mohnrot. Neue Freiheiten genießen. München 2003
Schlumpf, Elisabeth: Mein Enkel, unveröffentlichtes Gedicht
Schlumpf, Elisabeth; Dechmann Birgit: Lieben ein Leben lang. Wie Beziehungen immer besser werden. Weinheim und Basel 2008
Schmidbauer, Wolfgang: Altern ohne Angst. Ein psychologischer Begleiter. Reinbek b. Hamburg 2003
Schneewind, Klaus A.; Ruppert, Stefan: Familien gestern und heute: Ein Generationenvergleich über 16 Jahre. München 1996
Schultz-Wild, Lore; Hopf, Angela: Enkel! Enkel! Der anregende Erziehungsberater für Großeltern von heute. München 2003
Schwager, Susanne: Das volle Leben. Frauen über achtzig erzählen. Gockhausen 2007
Schwob, Peter: Großeltern und Enkelkinder. Zur Familiendynamik der Generationsbeziehung. Heidelberg 1988
Seligmann, Martin E. P.: Der Glücks-Faktor. Warum Optimisten länger leben. Bergisch Gladbach 2002
Sogyal, Rinpoche: Das tibetische Buch vom Leben und Sterben. Befreit leben im Bewusstsein der eigenen Vergänglichkeit. München 1993
Sommer-Himmel, Roswitha: Großeltern heute. Betreuen, erziehen, verwöhnen. Eine qualitative Studie zum Betreuungsalltag mit Enkelkindern. Bielefeld 2001
Stern, Daniel N.: Tagebuch eines Babys. Wie ein Kind sieht, spürt, fühlt und denkt. München und Zürich 1993
Szydlik, Marc: Lebenslange Solidarität? Generationenbeziehungen zwischen erwachsenen Kindern und Eltern. Opladen 2000
Thich Nhat Hanh: The Art of Power. Die Kunst, mit Macht richtig umzugehen. Freiburg i.Br. 2008
Tondeur, Edmond: Älter werden. Umkreisungen eines gemiedenen Tatbestandes. Welcher Kitt hält die Generationen zusammen? Themenheft des Schweizerischen Nationalfonds. Mai 2006
Wieners, Tanja: Miteinander von Kindern und alten Menschen. Perspektiven für Familien und öffentliche Einrichtungen. Wiesbaden 2005
Wiesner, Heinrich: Die würdige Greisin. Roman. Basel 1992
Wilk, Liselotte: Großeltern-Enkel-Beziehungen. In: Bundesministerium für Umwelt, Jugend und Familie (Hrsg.): Österreichischer Familienbericht. Wien 1999

Wille, Andreas: Vortrag zum Thema: Die Bedeutung der Großelterngeneration für die Entwicklung der jungen Familie. Seniorenuniversität Zürich 4.3.2008

Willi, Jürg: Was hält Paare zusammen? Der Prozess des Zusammenlebens in psycho-ökologischer Sicht. Reinbek b. Hamburg 2006

Witzig, Heidi: Wie kluge Frauen alt werden. Was sie tun und was sie lassen. Zürich 2008

Wustmann, Corina: Widerstandsfähigkeit von Kindern in Tageseinrichtungen fördern. Weinheim 2004

Wyss, Laure: Schuhwerk im Kopf – und andere Geschichten. Zürich 2000

Zank, Susanne: Enkel von DemenzpatientInnen, in: Impulse, Newsletter zur Gesundheitsförderung, 40

Anmerkungen

1 aus: Christa Meves: Großeltern-ABC. Was man wissen muss, um mit Kindern und Enkeln glücklich zu werden. Stein a. Rhein 2004

2 Elisabeth Schlumpf: Wenn ich einst alt bin, trage ich Mohnrot. Neue Freiheiten genießen. München 2003

3 aus: Geo Magazin, Nr. 02/09: Enkel und Großeltern. Einander nah wie nie zuvor

4 In Deutschland ist dies die Großelternschule im Asklepios Klinikum Uckermark, die dort seit Anfang 2010 Kurse für Großeltern anbietet. Siehe auch: www.asklepios.com

5 François Höpflinger, Cornelia Kummer, Valérie Hugentobler: Enkelkinder und ihre Großeltern. Intergenerationelle Beziehungen im Wandel. Zürich 2006

6 AHV: Alters- und Hinterbliebenen-Versicherung, staatliche Rente in der Schweiz

7 Geo Magazin, Nr. 02/09: Enkel und Großeltern. Einander nah wie nie zuvor, Seite 116

8 ebd.

9 ebd.

10 Tages-Anzeiger Zürich vom 3.5.2008

11 »Nein, jetzt brauche ich einen Cognac!«
12 aus: Frédérick Leboyer: Das Fest der Geburt. München 2008, S. 187
13 Im osteuropäischen Raum soll es noch üblich sein, dass die Mutter der Gebärenden sie während der Geburt begleitet, nicht aber der Ehemann.
14 Diese biblische Geschichte ist zu finden in der Septuaginta, der ältesten und wichtigsten griechischen Übersetzung des Alten Testaments.
15 siehe auch Markusevangelium, Kapitel 6, 14-29
16 Die Zeichnung erhielt ich von einer Freundin ohne Angabe, woher sie stammt.
17 a.a.O.
18 François Höpflinger, Cornelia Kummer, Valérie Hugentobler: Enkelkinder und ihre Großeltern. Intergenerationelle Beziehungen im Wandel. Zürich 2006
19 Angaben in der Ausstellung im Schweizerischen Landesmuseum Mai/Juni 2008: Familien: Alles bleibt, wie es nie war.
20 aus: Liliana Heimberg und Yvonne-Denise Köchli: Muttermilch auf seinem Laptop. Zürich 1999, Seite 161
21 Liv Ullmann: Gezeiten. Bern/München/Wien 1985
22 aus: Liliana Heimberg und Yvonne-Denise Köchli: Muttermilch auf seinem Laptop. Zürich 1999, Seite 157
23 die Flasche geben
24 große Handelskette in der Schweiz
25 Margrit Hauser: Der Chegeleboum. Unveröffentlichtes Manuskript
26 Franz Hohler, Schweizer Schriftsteller und Kabarettist, in seiner »Ansprache zum Aargauer Kulturpreis« vom 18.9.2002
27 Franz Hohler: Der tägliche Tod. Aus: Franz Hohler und Jürg Schubiger: Hin- und Hergeschichten. Zürich 1986
28 aus: Franz Hohler: Das Ende eines ganz normalen Tages. München 2008
29 aus: Liv Ullmann: Gezeiten. Bern/München/Wien 1985
30 Heile, heile, Segen, drei Tage Regen, drei Tage Schnee, tut dem Kindchen nichts mehr weh.
31 a.a.O.
32 Helga Gürtler: Kinder lieben Großeltern. Ein Ratgeber für das Leben mit Enkeln. München 2000
33 aus: Christa Meves: Großeltern-ABC. Was man wissen muss, um mit Kindern und Enkeln glücklich zu werden. Stein a. Rhein 2004, Seite 144

34 a.a.O.
35 eine bekannte Confiserie in Zürich
36 aus: Geo Magazin, Nr. 02/09: Enkel und Großeltern. Einander nah wie nie zuvor
37 ebd., Seite 126
38 Fußball spielen
39 hohle Stängel der Waldrebe
40 Stefan Zweig: Die Welt von gestern. Erinnerungen eines Europäers. Frankfurt am M. 2006 [Stockholm 1942]
41 aus: Geo Magazin, Nr. 02/09: Enkel und Großeltern. Einander nah wie nie zuvor, Seite 128
42 mittels SMS per Handy eine Nachricht verschicken
43 bereits mehrfach zitiert: François Höpflinger, Cornelia Kummer, Valérie Hugentobler: Enkelkinder und ihre Großeltern. Intergenerationelle Beziehungen im Wandel. Zürich 2006
44 Darunter versteht man Tätigkeiten wie Lesen, Basteln, Spielen und Einkaufen.
45 Diese Information stammt aus einem Vortrag von Gerald Hüther in Zürich 2008.
46 „Lieber Franz Hohler!" Begleitpublikation zur Ausstellung im Strauhof vom 13.12.2006 bis 04.03.2007. Herausgegeben vom Schweizerischen Institut für Kinder- und Jugendmedien SIKJM. Mit Texten von Franz Hohler, Briefen von Kindern an den Autor sowie einem Werkstattgespräch mit Franz Hohler von Christine Lötscher und Christine Tresch. Zürich 2006
47 a.a.O.
48 »den Tarif durchgeben« ist ein Schweizer Ausdruck für »auf strenge Art klarmachen, welche Regeln gelten«
49 Liliana Heimberg und Yvonne-Denise Köchli: Muttermilch auf seinem Laptop, Zürich 1999, Seite 153
50 ebd., Seite 117. Die Verfasserin (30) ist Werkstudentin. Sie verdient sich ihren Unterhalt als Kinderhütefrau.
51 vgl. Birgit Dechmann und Elisabeth Schlumpf: Lieben ein Leben lang. Wie Beziehungen immer besser werden. Kap. 8: Vom Umgang mit Konflikten. Weinheim 2008
52 Hans Dusolt: Oma und Opa können helfen. Was Großeltern bei Trennung oder Scheidung tun können. Weinheim/Basel 2004, Seite 135

53 ebd., Seite 64
54 vgl. Birgit Dechmann und Elisabeth Schlumpf: Lieben ein Leben lang. Wie Beziehungen immer besser werden. Weinheim 2008
55 Natascha Becker: Leben in der Patchwork-Familie. So gelingt der Familienmix. Köln 2005
56 einkaufen
57 a.a.O., Seite 144
58 abgeleitet von »Schlottergötti«= Ersatzpate
59 Gesehen in der Ausgabe vom 30. Mai 2009
60 a.a.O.
61 Selma Lagerlöf: Die schönsten Legenden: Die heilige Nacht. München 1975, Seite 69
62 Mein größter Kummer ist, diese Kleinen nicht mehr aufwachsen zu sehen.
63 Augusto Boal ist 2009 verstorben. Er wurde in Anerkennung seines weltweiten Wirkens für den Friedensnobelpreis vorgeschlagen.
64 Helga Gürtler: Kinder lieben Großeltern. Ein Ratgeber für das Leben mit Enkeln. München 2000, Seite 236
65 Thich Nhat Hanh: The Art of Power. Die Kunst, mit Macht richtig umzugehen. Freiburg i. Br. 2008, Seite 51
66 Anthony de Mello: Gib deiner Seele Zeit. Inspirationen für jeden Tag. Freiburg i. Br. 1999